Vegetarisch

Vegetarisch

Frühling

Sommer

Herbst

Winter

Das große Plus

Nein, wir werden Ihnen hier nicht
die gesundheitlichen Vorzüge
von ballaststoff- und vitaminreicher
Kost aufzählen. Wir halten Ihnen auch
keinen Vortrag über Massentierhaltung.

Ob Sie Rußpartikel filtern, Langstreckenflüge ebenso verachten
wie Legehennenfleisch, ist uns ausnahmsweise in diesem Buch
WURST! Uns geht es nicht um Weltanschauung. Sondern um
Genuss. Nicht »Genuss ohne Fleisch« – denn das hieße ja,
dass eigentlich was fehlt. In diesen Rezepten fehlt gar nichts. Sie
schmecken einfach. Egal, ob Sie Vegetarier oder Fleischfan sind,
Freund oder Feind der gepflegten Hausmannskost, Mann oder Frau.

Nur eine Geschichte können wir uns doch nicht verkneifen. Sie
stammt von Homer und handelt davon, wie Odysseus und
seine Mannen einst bei den Lotophagen landeten, einem Volk
von Vegetariern, die sich von Lotos ernährten, einer dattel-
artigen Frucht. Wovon er wie folgt berichtet:

»Aber die Lotophagen beleidigten nicht im Geringsten
unsere Freunde; sie gaben den Fremdlingen Lotos zu kosten.
Wer nun die Honigsüße der Lotosfrüchte gekostet,
dieser dachte nicht mehr an Kundschaft oder an Heimkehr:
Sondern sie wollten stets in der Lotophagen Gesellschaft
bleiben und Lotos pflücken und ihrer Heimat entsagen.
Aber ich zog mit Gewalt die Weinenden wieder ans Ufer ...«

Ehrlich gesagt können wir nicht garantieren, dass IHRE Gäste
sich nicht ähnlich verhalten werden. Beziehen Sie also schon mal
das Schlafsofa, bevor Sie eins dieser Rezepte umsetzen ...

Frühling

Das erste Grün können Sie jetzt beim Osterspaziergang in Wald und Flur bewundern. Oder auf Ihrem Teller: Bärlauch, Löwenzahn, junger Spinat, Kohlrabi – ach, herrliche Jugend!

Spargel-Couscous

einfach | raffiniert

4	Portionen
	Zubereitungszeit 40 Min.
Pro Portion	ca. 415 kcal, E 15 g, F 12 g, KH 62 g

250 g	Couscous (Instant)
400 ml	heißer Gemüsefond
1 Dose	Kichererbsen (250 g Inhalt)
500 g	grüner Spargel
2 EL	Olivenöl
	Salz, frisch gemahlener Pfeffer
30 g	Mandelstifte
2 EL	Korinthen
1 Msp.	Sambal oelek
2 Stängel	Minze
200 g	Joghurt
je 1 Msp.	gemahlener Piment und Kreuzkümmel (Cumin)
1–2 EL	Zitronensaft

• Den Couscous in eine Schüssel geben und mit heißem Fond übergießen. 5 Min. quellen lassen, dann mit einer Gabel auflockern.

• Kichererbsen in ein Sieb gießen, abspülen und abtropfen lassen. Den Spargel abspülen, die Enden abbrechen und die Stangen in Scheiben schneiden. Das Öl in einer Pfanne erhitzen und den Spargel darin scharf anbraten. Kichererbsen dazugeben und ebenfalls anbraten. Gemüse mit Salz und Pfeffer würzen. Die Mandelstifte in einer Pfanne ohne Fett rösten. Mandeln, Spargel, Kichererbsen, Korinthen und Sambal oelek unter den Couscous mischen.

• Die Minze abspülen, trocken schütteln und die Blättchen in feine Streifen schneiden. Minze und Joghurt verrühren und mit Salz, Piment, Kreuzkümmel und etwas Zitronensaft abschmecken. Couscous und Gemüse auf einer Platte anrichten und den Joghurt dazu reichen.

Tipps Der Salat schmeckt auch als Beilage zu kurz gebratenem oder gegrilltem Fisch oder Fleisch.

Grüner Spargel braucht nicht oder nur am unteren Drittel geschält zu werden. Die Enden werden außerdem abgebrochen und nicht abgeschnitten. Die Bruchstelle ist meist da, wo der Spargel anfängt, zäh und holzig zu werden.

Klassiker

Spargel-Risotto

Einen Risotto zu kochen, braucht die volle Aufmerksamkeit und ist nichts für Eilige. Dafür ist er dann hinterher umso schneller verputzt.

3	**Portionen**
	Zubereitungszeit 55 Min.
Pro Portion	**ca. 450 kcal, E 13 g, F 15 g, KH 55 g**

500 g	weißer Spargel
2 TL	Zucker
1 Scheibe	von 1 Bio-Zitrone
2	Schalotten
30 g	Butter
200 g	Risotto-Reis
200 ml	Weißwein (oder Brühe mit einem Spritzer Zitronensaft)
50 g	frisch geriebener Parmesan-Käse
	Salz, frisch gemahlener Pfeffer
	Schnittlauch für die Deko

• Den Spargel abspülen, schälen und die Enden knapp abbrechen (Step 1). Spargelschalen in einen Topf geben und mit Wasser knapp bedecken. Zucker und Zitronenscheibe zugeben und etwa 15 Min. bei kleiner Hitze gerade eben kochen lassen.

• Inzwischen den Spargel schräg in Stücke schneiden. Die Schalen mit einer Schaumkelle aus dem Topf heben und die Spargelstücke im Spargelsud etwa 6 Min. bei kleiner Hitze kochen lassen. Dann mit einer Schaumkelle aus dem Topf heben und beiseitestellen.

• Schalotten abziehen und fein würfeln. Die Butter in einem Topf erhitzen und die Schalotten darin glasig dünsten. Reis zufügen und etwa 2 Min. mitdünsten, ohne ihn Farbe nehmen zu lassen.

• Weißwein zugießen und unter Rühren einkochen lassen. 600 ml Spargelfond abmessen. Nach und nach immer dann zugeben, wenn die Flüssigkeit ganz aufgesogen ist (Step 2). Den Risotto insgesamt etwa 20 Min. garen.

• Den Spargel und den Parmesan untermengen (Step 3), den Risotto mit Salz und Pfeffer würzen, mit Schnittlauch dekorieren und sofort servieren.

Tipp

Eine kleine Portion Risotto als Vorspeise servieren. Dann reicht dieses Rezept für sechs.

Spargel *mit Weinschaum*

braucht etwas Übung | für Gäste

4	**Portionen**
	Zubereitungszeit 50 Min.
Pro Portion	**ca. 365 kcal, E 22 g, F 11 g, KH 22 g**

2 kg	weißer Spargel
	Salz
	Zucker
2–4 EL	Zitronensaft
1 EL	Butter
1–2	Lauchzwiebeln
6	Eier
½	Zwiebel
40 g	Speisestärke
½ l	trockener Weißwein
	frisch gemahlener Pfeffer

• Den Spargel abspülen, sorgfältig schälen und die holzigen Enden abbrechen. Die Spargelstangen in etwa 5 cm lange Stücke schneiden. Salzwasser, 2 Prisen Zucker, 1–2 EL Zitronensaft und Butter aufkochen. Die Spargelstücke darin etwa 12 Min. kochen. Der Spargel sollte knapp mit Wasser bedeckt sein. Die Lauchzwiebeln putzen, abspülen und in feine Ringe schneiden.

• Für die Weinschaumsauce 4 Eier trennen. Zwiebel abziehen und fein reiben. 4 Eigelbe, restliche Eier, 6 EL Spargelsud, 1–2 EL Zitronensaft und die geriebene Zwiebel in einer großen Metallschüssel mit rundem Boden verrühren.

• Stärke und Wein glatt rühren und unter Rühren in die Metallschüssel gießen. Über einem heißen Wasserbad mit einem Schneebesen so lange schlagen, bis die Masse dick und cremig ist.

• Eiweiße und 1 Prise Salz steif schlagen und mit einem Schneebesen unter die Weinschaumsauce ziehen. Es sollten keine Eischneeflöckchen mehr in der Sauce sein. Mit Salz, Pfeffer und Zucker abschmecken.

• Spargel abgießen und auf eine Platte geben. Die Weinschaumsauce darübergeben und mit Lauchzwiebelringen bestreuen.

Dazu Kartoffelpüree mit Tomaten

Kohlrabi *im Schlafrock*

braucht etwas Übung

4	**Portionen**		
	Zubereitungszeit 50 Min.		
	Backzeit 25 Min.		
Pro Portion	**ca. 415 kcal, E 17 g, F 22 g, KH 36 g**		

150 g	Mehl	1 Bund	Dill
	Salz	4 Scheiben	Räucherkäse
130 g	Frischkäse		Mehl zum Arbeiten
40 g	Butter		frisch gemahlener Pfeffer
4	Kohlrabi à etwa 200 g	1	Ei

• Für den Teig Mehl und 1 TL Salz in einer Schüssel mischen. Frischkäse und Butter zugeben und erst mit den Knethaken des Handrührers, dann mit den Händen zu einem glatten Teig verkneten. Den Teig 10 Min. ruhen lassen.

• Inzwischen für die Füllung die Kohlrabi dünn schälen. In reichlich Salzwasser 15 Min. zugedeckt kochen. Kurz in kaltes Wasser legen und abkühlen lassen. Den Dill abspülen, trocken schütteln und fein zerzupfen. Den Räucherkäse in Streifen schneiden.

• Den Backofen auf 200° (Umluft 180°, Gas Stufe 4) vorheizen. Teig auf wenig Mehl zu einem Quadrat von 35 cm Seitenlänge ausrollen. Die Teigplatte vierteln. Auf jedes Teigstück 1 Kohlrabi setzen. Die Kohlrabi mit Käse und gezupftem Dill belegen. Salzen und pfeffern. Das Ei trennen. Teigränder mit Eiweiß bestreichen und den Teig über den Kohlrabi zusammenschlagen. Dann die Ränder fest zusammendrücken und dabei den überstehenden Teig abschneiden.

• Teigreste ausrollen, in Streifen schneiden und die Kohlrabi damit verzieren. Eigelb und 1 EL Wasser verrühren und den Teig gleichmäßig damit bestreichen. Die Kohlrabi auf ein Backblech setzen und im Backofen etwa 20–25 Min. goldbraun backen.

Dazu Sauce hollandaise (fertig oder selbst gemacht)

Tipps Statt Käse schmeckt Nicht-Vegetariern auch eine Hülle aus Räucherlachs um den Kohlrabi.

Statt in selbst gemachten Teig die Kohlrabi in fertigen Blätterteig hüllen: 2–3 Platten aufeinanderlegen und auf die angegebene Größe ausrollen.

Gemüse mit Mozzarella

schnell | einfach

2	**Portionen**
	Zubereitungszeit 30 Min.
Pro Portion	ca. 385 kcal, E 15 g, F 21 g, KH 32 g

1 Bund	Lauchzwiebeln
100 g	Zuckerschoten
je 1	rote und gelbe Paprikaschote
250 g	Bundmöhren
50 g	Zwiebel- oder Alfalfasprossen
125 g	Mozzarella-Käse
2 EL	Öl
	Salz, frisch gemahlener Pfeffer
1–2 EL	Zitronensaft
1–2 EL	Honig
1–2 TL	rosa Pfefferbeeren

• Lauchzwiebeln putzen, abspülen und schräg in Ringe schneiden. Die Zuckerschoten abspülen und längs in Streifen schneiden. Paprikaschoten vierteln, entkernen, abspülen und in Streifen schneiden. Die Möhren putzen, schälen und in dünne Streifen schneiden.

• Sprossen verlesen, abspülen und in einem Sieb abtropfen lassen. Mozzarella abtropfen lassen und auf einer Gemüsereibe grob reiben.

• Öl in einem Wok erhitzen. Vorbereitetes Gemüse bis auf die Sprossen hineingeben und bei sehr starker Hitze etwa 3–5 Min. braten. Salzen und pfeffern.

• Sprossen und Mozzarella-Raspel auf das Gemüse streuen. Zitronensaft und Honig darüberträufeln. Pfefferbeeren eventuell grob zerdrücken, darüberstreuen und das Gemüse sofort servieren.

Dazu Basmatireis und süßsaure Chilisauce

Tipp Dieses Rezept ist auch für jede andere Gemüsemischung offen: z.B. für Champignons, Zucchini, Tomaten und frischen Knoblauch oder Kohlrabi, Radieschen, grüne Sojabohnenkerne (TK) und Blattspinat. Und natürlich sind auch frische Kräuter herzlich willkommen!

Tofu-Päckchen mit Gemüse

raffiniert

3	**Portionen**
	Zubereitungszeit 1 Std. 10 Min.
Pro Portion	ca. 420 kcal, E 31 g, F 22 g, KH 25 g

30 g	frischer Ingwer	24	TK-Wan-Tan-Teigblätter
2	Zwiebeln		(etwa 10 × 10 cm; Asialaden)
2	Knoblauchzehen	400 g	Tofu
4 EL	Sesamöl	1	Kohlrabi
1 TL	Zucker	1 Bund	Lauchzwiebeln
1 Bund	Koriandergrün	200 g	Pak-Choi (chinesischer Kohl
6 EL	Reisessig		oder Mangold)
	Saft von 1 Limette	150 g	Zuckerschoten
	Salz, frisch gemahlener Pfeffer	100 g	Sojasprossen
		5 EL	Sojasauce

• Den Ingwer schälen, Zwiebeln und Knoblauch abziehen und alle drei Zutaten würfeln. In einer Pfanne 1 EL Sesamöl erhitzen und Ingwer, Zwiebeln und Knoblauch mit dem Zucker darin anbraten. Mischung mit dem Stabmixer pürieren.

• Koriander abspülen, trocken schütteln, die Blättchen abzupfen und hacken. Koriander, Reisessig und Limettensaft zum Zwiebelpüree geben und mit Salz und Pfeffer würzen.

• Die Wan-Tan-Blätter auftauen lassen. Inzwischen den Tofu in zwölf Scheiben schneiden und mit der Hälfte der Würzpaste bestreichen. Kohlrabi, Lauchzwiebeln, Pak-Choi und Zuckerschoten putzen bzw. schälen, abspülen und in Streifen oder Scheiben schneiden. Sojasprossen abspülen.

• Wan-Tan-Blätter mit Wasser bestreichen. Jede Tofu-Scheibe in 2 Blätter wickeln. 2 EL Sesamöl in einer Pfanne erhitzen und die Tofu-Päckchen darin von jeder Seite etwa 3 Min. goldbraun braten.

• Restliches Öl im Wok oder einer Pfanne erhitzen und das Gemüse darin etwa 4 Min. braten. Restliche Zwiebelmischung und Sojasauce verrühren und mit den Tofu-Päckchen und dem Gemüse anrichten.

Tipp Sesamöl vor der Verwendung probieren. Es gibt Sorten, dazu gehört vor allem geröstetes Sesamöl, die sehr intensiv schmecken und nur zum Verfeinern und Abschmecken geeignet sind. Solches Öl lieber für dieses Rezept mit neutralem Öl (Erdnuss- oder Maiskeimöl) mischen.

Couscous-Bratlinge

raffiniert

etwa 20	**Stück**
	Zubereitungszeit 40 Min.
Pro Stück	**75 kcal, E 3 g, F 4 g, KH 7 g**

2	Knoblauchzehen
1 Stück	frischer Ingwer (2 cm)
1 TL	Kreuzkümmelsamen (Cumin)
1 Bund	Minze
300 g	Joghurt
1	Salatgurke
	Salz, frisch gemahlener Pfeffer
180 g	Couscous (Instant)
40 g	schwarze entsteinte Oliven
3	Eier
	Öl zum Frittieren

• Für den Gurkenjoghurt Knoblauch abziehen, Ingwer schälen. Beides durch eine Knoblauchpresse drücken. Den Kreuzkümmel im Mörser grob zerstoßen. Minze abspülen, trocken schütteln und die Blättchen fein hacken.

• Knoblauch, Ingwer, Kreuzkümmel, die Hälfte der Minze und den Joghurt verrühren. Die Gurke abspülen, schälen und in dünne Scheiben hobeln. Gurkenscheiben unter den Joghurt rühren, salzen und pfeffern.

• Für die Bratlinge Couscous nach Packungsangabe mit kochendem Wasser übergießen und 5–10 Min. quellen lassen. Inzwischen Oliven fein hacken. Die Oliven, restliche Minze und den Couscous mischen. Die Eier leicht verquirlen und unter den Couscous rühren. Mit angefeuchteten Händen aus dem Teig etwa 20 Bratlinge formen.

• Das Öl in einem flachen weiten Topf erhitzen (es hat die richtige Temperatur, wenn sich an einem in das heiße Öl getauchten Holzlöffel kleine Bläschen bilden). Die Bratlinge darin portionsweise goldgelb frittieren.

• Die Bratlinge mit einer Schaumkelle aus dem Öl heben und auf Küchenkrepp abtropfen lassen. Die heißen Bratlinge mit dem Gurkenjoghurt servieren.

Tipp An heißen Tagen schmecken die Bratlinge kalt genauso gut. Am besten dann auch den Gurkenjoghurt gut gekühlt dazu reichen.

Kohlrabi-Gnocchi-Eintopf

raffiniert | preiswert

3 Portionen
Zubereitungszeit 45 Min.
Pro Portion ca. 320 kcal, E 13 g, F 13 g, KH 37 g

1 Bund	glatte Petersilie	1 Stange	Staudensellerie
250 g	fertiger Kloßteig (Thüringer Klöße; aus dem Kühlregal)	½ Stange	Porree
		1	große Möhre
1	Eigelb	1 EL	Butter
50 g	Mehl	½ l	Gemüsebrühe
	Salz	¼ l	Milch
1 kg	junge Kohlrabi		frisch gemahlener Pfeffer

• Für die Gnocchi Petersilie abspülen, trocken schütteln und die Blättchen fein hacken. Die Hälfte der Petersilie mit dem Kloßteig, Eigelb, Mehl und ¼ TL Salz verkneten und zu langen Rollen (⌀ 2 cm) formen. Rollen in 2 cm lange Stücke schneiden und jedes Stück mit dem Finger einmal eindrücken. Gnocchi in leicht kochendes Salzwasser geben und bei kleiner Hitze etwa 10 Min. gar ziehen (nicht kochen) lassen. Mit einer Schaumkelle herausnehmen, in einem Sieb abtropfen lassen und warm stellen.

• Für den Eintopf die Kohlrabi schälen, dabei die zarten Blätter beiseitelegen. Kohlrabi in kleine Würfel schneiden. Staudensellerie und Porree putzen und abspülen. Die Möhre schälen und alle drei Gemüsesorten in dünne Scheiben schneiden. Butter in einem großen Topf erhitzen und Sellerie, Möhre und Porree darin andünsten.

• Die Kohlrabiwürfel dazugeben und unter Rühren weiterdünsten. Brühe und Milch dazugießen und alles zugedeckt etwa 10 Min. kochen lassen, bis das Gemüse knapp gar ist. Mit Salz und Pfeffer würzen. Die fertigen Gnocchi im Eintopf erhitzen. Kohlrabiblätter in feine Streifen schneiden und mit der restlichen Petersilie in den Eintopf streuen.

Tipps Die Gnocchi schmecken auch ohne den Eintopf – nur mit viel geriebenem Parmesan bestreut und Olivenöl beträufelt.

Fertigen Kloßteig gibt's im Kühlregal im Supermarkt, dort, wo auch die frischen Nudeln stehen.

Ricotta-Spinat-Crespelle

gut vorzubereiten | schmeckt Kindern

3	**Portionen**
	Zubereitungszeit 45 Min.
	Backzeit 20 Min.
Pro Portion	**ca. 765 kcal, E 37 g, F 52 g, KH 39 g**

450 g	TK-Blattspinat		frisch geriebene Muskatnuss
250 g	Ricotta-Käse (ersatzweise	375 ml	Milch
	Doppelrahmfrischkäse)	2 EL	Olivenöl
5 EL	frisch geriebener	130 g	Mehl
	Parmesan-Käse (30 g)	1 EL + 30 g	Butter
4	Eier	200 ml	Brühe
	Salz, frisch gemahlener Pfeffer		

• Für die Füllung den Spinat auftauen lassen, gut ausdrücken und hacken. Ricotta, 3 EL Parmesan und 2 Eier unterrühren. Mit Salz, Pfeffer und frisch geriebener Muskatnuss würzen.

• Für den Teig 2 Eier, 175 ml Milch und das Olivenöl verquirlen. 100 g Mehl und 1 Prise Salz nach und nach unterrühren. 1 EL Butter schmelzen, eine Pfanne damit ausstreichen und nacheinander aus dem Teig acht dünne Pfannkuchen darin backen.

• Für die Sauce die restliche Butter schmelzen, das restliche Mehl auf einmal zufügen und so lange rühren, bis die Masse glatt ist und Blasen wirft. Brühe und die restliche Milch unterrühren und alles etwa 5 Min. bei kleiner Hitze kochen lassen. Mit Salz und Pfeffer abschmecken.

• Den Backofen auf 180° (Umluft 160°, Gas Stufe 3) vorheizen. Den Boden einer ofenfesten Form oder ofenfester Portionsteller mit etwas Sauce ausstreichen.

• Die Füllung auf die Pfannkuchen geben, aufrollen und mit der Naht nach unten in die Form legen. Die restliche Sauce als breiten Streifen über die Pfannkuchen-rollen geben. Restlichen Parmesan-Käse darüberstreuen und die Crespelle im Backofen etwa 20 Min. überbacken.

Tipps Edel: Vor dem Überbacken 40 g geröstete Pinienkerne darüberstreuen.

Anders: In die Crespelle passen auch gekochte Spargelstangen mit Parmesan- oder Gouda-Käse.

Gemüse mit Pesto

für Gäste

4 **Portionen**
Zubereitungszeit 1 Std. 15 Min.
Pro Portion **ca. 595 kcal, E 22 g, F 43 g, KH 28 g**

1 Bund	Koriandergrün	300 g	Möhren
20 g	Pinienkerne	500 g	grüner Spargel
100 ml	Olivenöl	500 g	Kohlrabi
	Meersalz	200 g	Zuckerschoten
	etwas Limettensaft	1 Bund	Radieschen
500 g	lila Kartoffeln (Sorte »Vitelotte«)	300 g	Büffelmozzarella-Käse

• Für das Pesto den Koriander abspülen, trocken schütteln und die Blättchen fein hacken. Pinienkerne in einer Pfanne ohne Fett goldbraun rösten. Koriander, Pinienkerne und das Olivenöl im Mixer fein pürieren. Dann das Pesto mit Salz und Limettensaft abschmecken.

• Für das Gemüse die Kartoffeln gründlich abbürsten, abspülen und ungeschält in Salzwasser etwa 15–20 Min. zugedeckt kochen. Kartoffeln abgießen, kurz abkühlen lassen und noch warm pellen.

• Möhren putzen, schälen und der Länge nach halbieren oder vierteln. Spargel abspülen, am unteren Drittel schälen und die holzigen Enden abbrechen. Kohl-rabi schälen und in Spalten schneiden. Die Zuckerschoten putzen und dabei eventuell die zähen Fasern an der Naht mit abziehen. Die Schoten abspülen.

• Vorbereitetes Gemüse nacheinander in kochendes Salzwasser geben und einmal kurz aufkochen lassen. Mit einer Schaumkelle herausnehmen und sofort in Eiswasser tauchen. Abtropfen lassen.

• Radieschen putzen, abspülen und in Scheiben schneiden. Den Mozzarella ab-tropfen lassen, in Scheiben schneiden oder in Stücke zupfen. Mozzarella, Kartof-feln und Gemüse auf Portionstellern anrichten, mit Meersalz bestreuen und mit Pesto beträufeln. Radieschen darüberstreuen und das Gemüse servieren.

Dazu Baguette

Tipp Die Kartoffelsorte »Vitelotte« ist eine französische Züchtung und wird auch »Trüffelkartoffel« genannt. Ihr violettfarbenes Fleisch hat ein leicht süßlich-nussiges Aroma.

Kartoffel-Bärlauch-Tomaten

einfach | gut vorzubereiten

4 **Portionen**
Zubereitungszeit 45 Min.
Backzeit 15 Min.
Pro Portion ca. 600 kcal, E 18 g, F 43 g, KH 35 g

700 g	mehligkochende Kartoffeln		frisch gemahlener Pfeffer
	Salz	4	kleine Zucchini
8	große Fleischtomaten	3 EL	Crème fraîche
150 g	Bärlauch	2 EL	Butter
60 g	abgezogene Mandeln	etwa ½ TL	gemahlener Piment
60 g	frisch geriebener Parmesan-Käse		frisch geriebene Muskatnuss
6 EL	Olivenöl		Fett für die Form

• Kartoffeln schälen und in kochendem Salzwasser etwa 20 Min. zugedeckt kochen. Inzwischen Tomaten abspülen und von jeder Tomate einen Deckel abschneiden. Tomaten mit einem Löffel vorsichtig aushöhlen. Bärlauch abspülen, trocken schütteln und grob hacken.

• Bärlauch, die Hälfte des ausgekratzten Tomatenfruchtfleisches, Mandeln, Parmesan-Käse und 5 EL Öl im Mixer oder mit dem Stabmixer pürieren. Salzen und pfeffern.

• Zucchini putzen, abspülen, trocken tupfen und in Würfel schneiden. In einer Pfanne das restliche Öl erhitzen und die Zucchiniwürfel darin kräftig anbraten. Mit Salz und Pfeffer würzen.

• Kartoffeln abgießen und zerstampfen. Crème fraîche und Butter unterrühren und das Püree mit Salz, Pfeffer, Piment und Muskat abschmecken.

• Den Backofen auf 200° (Umluft 180°, Gas Stufe 4) vorheizen. Kartoffelpüree, Zucchiniwürfel und Bärlauchcreme abwechselnd in die Tomaten schichten. Tomatendeckel auflegen. Tomaten in eine gefettete ofenfeste Form setzen. Restliche Zucchiniwürfel in die Form geben. Die Tomaten im vorgeheizten Backofen etwa 15 Min. backen.

Dazu frisches Baguette mit fertiger Oliven-Tapenade oder Kräuterfrischkäse

Tipp **Wenn es keinen Bärlauch mehr gibt (Saison ist von Ende März bis Anfang Mai), Petersilie und Basilikum zu gleichen Teilen nehmen.**

Gefüllte Teigtaschen

für Gäste

etwa 26	**Stück**
	Zubereitungszeit 45 Min.
	Backzeit 15 Min.
Pro Stück	**ca. 120 kcal, E 3 g, F 9 g, KH 6 g**

450 g	TK-Blätterteig (6 Platten)		Salz, frisch gemahlener
300 g	TK-Blattspinat		Pfeffer
2	Knoblauchzehen	1	Bio-Zitrone
150 g	Feta-Ziegenkäse	2 Stängel	Minze
	(oder Feta-Schafkäse)		Mehl zum Arbeiten
50 g	Walnusskerne	2 EL	Sesam
2 TL	Sesamöl	2	Eigelbe
	gemahlener Kreuzkümmel (Cumin)		

• Den Blätterteig und den Spinat (evtl. in der Mikrowelle) auftauen lassen. Den Knoblauch abziehen und zerdrücken. Den Feta-Käse zerbröckeln. Walnusskerne hacken. Den Spinat gut ausdrücken und mit Feta, gehackten Nüssen, Knoblauch, Sesamöl und den Gewürzen vermischen.

• Die Zitrone heiß abspülen, trocken tupfen, die Hälfte der Schale abreiben und den Saft auspressen. Zitronenschale zum Spinat geben. Die Minze abspülen, trocken schütteln, die Blättchen hacken und ebenfalls zum Spinat geben. Die Füllung mit Salz und Zitronensaft abschmecken.

• Je 2 Blätterteigplatten auf der bemehlten Arbeitsfläche aufeinanderlegen und zu einem Quadrat von etwa 30 cm Seitenlänge ausrollen. Den Teig mit Sesam bestreuen und einmal mit dem Nudelholz darüberrollen, damit der Sesam am Teig kleben bleibt.

• Den Backofen auf 220° (Umluft 200°, Gas Stufe 5) vorheizen. Die Teigplatten umdrehen und mit einem Ausstechring oder Glas (∅ 9 cm) etwa 26 Teigkreise ausstechen. In die Mitte jeweils etwa 2 TL der Füllung geben. Die Teigränder mit etwas Wasser bestreichen, den Teig zur Hälfte über die Füllung klappen und die Teigränder gut andrücken.

• Eigelbe und 1–2 EL Wasser verquirlen. Teigtaschen auf ein mit Backpapier ausgelegtes Backblech legen und mit verquirltem Eigelb bestreichen. In den vorgeheizten Backofen schieben. Eine Tasse kaltes Wasser auf den Boden des Backofens gießen und die Tür schnell wieder schließen, damit sich Dampf entwickelt. Die Teigtaschen etwa 15 Min. backen.

Löwenzahn-Pilz-Couscous

raffiniert | für Gäste

4	**Portionen**
	Zubereitungszeit 45 Min.
Pro Portion	**ca. 505 kcal, E 10 g, F 34 g, KH 40 g**

200 ml	Gemüsebrühe	1 Msp.	Sambal oelek
150 g	Couscous (Instant)	3 EL	Öl
1 Staude	Löwenzahn (etwa 500 g)	2 EL	Walnussöl
1	Schalotte	300 g	Kräuterseitlinge
20 g	Butter	30 g	Walnusskerne
	Salz, frisch gemahlener Pfeffer	150 g	Sahne
½	Zitrone		

• Die Brühe aufkochen, den Couscous damit übergießen und 5 Min. quellen lassen. Mit einer Gabel umrühren und auflockern. Löwenzahn putzen, gründlich abspülen und trocken schütteln. Einige Blätter aus der Mitte zum Garnieren beiseitelegen. Die restlichen Blätter und Stiele fein hacken.

• Die Schalotte abziehen und fein würfeln. Butter in einem Topf erhitzen und Löwenzahn und Schalottenwürfel darin unter Rühren kurz dünsten. Mit Salz und Pfeffer abschmecken und unter den Couscous mischen. Die Zitrone auspressen. 1 EL Zitronensaft, Sambal oelek, 1 EL Öl und Walnussöl verrühren und die Sauce unter den Couscous rühren.

• Pilze putzen und in mundgerechte Stücke schneiden. Walnusskerne fein hacken. Restliches Öl erhitzen und die Pilze darin braun anbraten. Gehackte Nüsse dazugeben und mit Salz, Pfeffer und etwas Zitronensaft würzen. Sahne dazugießen, einmal aufkochen lassen und sofort über den Couscous gießen. Couscous auf den beiseitegelegten Löwenzahnblättern anrichten.

Tipps Sambal oelek erst einmal sparsam verwenden, es ist sehr scharf. Lieber später am Tisch damit nachwürzen.

Löwenzahn gibt es nicht das ganze Jahr über. Hauptsaison dafür ist Frühjahr und Frühsommer. Der Couscous schmeckt aber auch mit Rauke oder knackigem Endiviensalat.

Frankfurter Grüne Sauce

einfach | schmeckt Kindern

4	**Portionen**
	Zubereitungszeit 40 Min.
Pro Portion	**ca. 465 kcal, E 13 g, F 26 g, KH 43 g**

1 kg	neue Kartoffeln	100 g	Cornichons
	Meersalz		(kleine Gewürzgurken)
3	Lorbeerblätter	2 EL	Kapern (aus dem Glas)
1 TL	Kümmelsamen	1 EL	Senf
2	Eier	80 ml	Olivenöl oder Sonnen-
2 Bund	Kräuter für »Frankfurter Grüne Sauce«		blumenöl
	(Petersilie, Dill, Schnittlauch, Kerbel,	200 g	Joghurt
	Estragon, Pimpinelle, Sauerampfer)		frisch gemahlener Pfeffer
2	Schalotten		

• Kartoffeln gründlich abbürsten, abspülen und ungeschält mit 2 EL Meersalz, Lorbeerblättern und Kümmel in Wasser etwa 20 Min. zugedeckt kochen. Inzwischen die Eier etwa 9 Min. kochen, dann kalt abspülen. Kräuter abspülen, trocken schütteln, bei Bedarf die Blättchen abzupfen und hacken.

• Schalotten abziehen und würfeln. Cornichons in feine Würfel schneiden. Kapern hacken. Eier schälen. Eigelbe mit einer Gabel zerdrücken und mit dem Senf verrühren. Das Öl mit einem Schneebesen langsam unter die Eigelb-Senf-Mischung rühren. Den Joghurt ebenfalls unterrühren.

• Eiweiße in kleine Würfel schneiden. Eiweißwürfel, Schalotten, Cornichons, Kapern und gehackte Kräuter unter die Sauce rühren und mit dem Stabmixer grob pürieren (oder aufs Pürieren verzichten und die Sauce stückig lassen). Frankfurter Grüne Sauce mit Salz und Pfeffer abschmecken. Kartoffeln abgießen und zusammen mit der Grünen Sauce servieren. Eventuell mit Kräuterblättchen (auf dem Foto Pimpinelle) verzieren.

Tipp Die Kräuter für Frankfurter Grüne Sauce gibt es schon fertig gemischt – entweder im Bund oder typisch verpackt in weißem Papier. Hauptsaison dafür ist der frühe Sommer. Aber auch davor und danach bekommt man die Kräuter auf dem Markt und im gut sortierten Gemüsegeschäft. Ein Bund Frankfurter-Sauce-Kräutermischung wiegt etwa 150 g.

Béchamel-Kartoffeln *mit Ei*

schmeckt Kindern | preiswert | fettarm

3	**Portionen**
	Zubereitungszeit 40 Min.
Pro Portion	**ca. 370 kcal, E 17 g, F 15 g, KH 40 g**

500 g	festkochende Kartoffeln (oder Pellkartoffeln vom Vortag)
3	Eier
200 g	Erbsen (frisch oder TK)
	Salz
1 EL	Butter
1 EL	Mehl
¼ l	Milch
100 ml	kräftige Gemüsebrühe
	frisch gemahlener Pfeffer
evtl. 3 EL	Schnittlauchröllchen

• Die Kartoffeln gründlich abbürsten, abspülen und ungeschält in Wasser etwa 20 Min. zugedeckt kochen, dabei in den letzten 8 Min. die Eier (vorher mit einem Eierpiekser anstechen) mit ins Kochwasser geben.

• Eier herausnehmen und kalt abspülen. Kartoffeln abgießen, kurz abkühlen lassen, pellen und in dicke Scheiben schneiden. Die Erbsen in Salzwasser etwa 5 Min. kochen, abgießen und warm halten.

• Butter in einem kleinen Topf schmelzen, das Mehl unter Rühren hinzugeben und 1–2 Min. leicht bräunen lassen. Milch und Gemüsebrühe zugeben, aufkochen und unter Rühren kochen, bis die Sauce eingedickt ist. Mit Salz und Pfeffer würzen und die Kartoffelscheiben in der Sauce erwärmen.

• Die Béchamel-Kartoffeln auf drei tiefe Teller verteilen, mit den Erbsen und je 1 gepellten, halbierten Ei anrichten und eventuell mit Schnittlauchröllchen bestreuen. Für Kinder aus den Zutaten ein kleines Gesicht gestalten, dann schmeckt es noch besser!

Tipp Die Béchamel-Sauce schmeckt zu gedünstetem Gemüse oder auch zu hellem Fleisch. Wer mag, gibt eine Ecke Schmelzkäse hinein oder frische gehackte Kräuter. Abgeschmeckt wird, wie es passt, mit Curry, Tomatenmark und Paprikapulver oder mit Senf und Meerrettich. Béchamel-Sauce oder helle Sauce gibt es auch fertig aus dem Tetra-Pak oder als Saucenpulver zum Anrühren. Diese Produkte sparen Zeit, wenn's schnell gehen muss.

Sommer

Jetzt kommt Farbe auf Ihren Tisch: Knallrote Tomaten,
leuchtend gelber Mais, tiefgrüner Mangold, rosarote
Himbeeren und purpurrote Kirschen. Nur die Rezepte
dafür, die gibt's schwarz auf weiß ...

Joghurt-Reis-Suppe

einfach

4 **Portionen**
Zubereitungszeit 45 Min.
Pro Portion ca. 405 kcal, E 13 g, F 25 g, KH 31 g

2 EL	Sonnenblumenkerne
2	Tomaten
1	rote Paprikaschote
1	Zwiebel
	Salz
	gemahlener Kreuzkümmel (Cumin)
¾ l	Gemüsebrühe
60 g	Langkornreis
100 g	abgetropfte Kichererbsen (aus der Dose)
500 g	türkischer Joghurt oder Sahnejoghurt
2 EL	Mehl
2	Eigelbe
½ Bund	Minze
1 EL	Butter

Tipp
Die Suppe schmeckt leicht gekühlt auch an heißen Tagen.

• Die Sonnenblumenkerne in einer Pfanne ohne Fett goldbraun rösten, herausnehmen, abkühlen lassen und grob hacken. Tomaten und Paprika abspülen. Tomaten vierteln, entkernen, von den Stielansätzen befreien und das Fruchtfleisch in kleine Würfel schneiden. Paprika vierteln, entkernen, abspülen und ebenfalls würfeln. Zwiebel abziehen und fein würfeln. Alle vorbereiteten Zutaten mischen und mit Salz und Kreuzkümmel würzen.

• Für die Suppe die Brühe aufkochen. Den Reis dazugeben und bei kleiner Hitze etwa 10 Min. kochen lassen. Anschließend die Kichererbsen dazugeben und die Suppe weitere 10 Min. kochen lassen.

• Joghurt, Mehl und Eigelbe in einer Schüssel verrühren und langsam unter Rühren in die Suppe gießen. Die Suppe bei kleiner Hitze weitere 10 Min. kochen lassen, mit Salz abschmecken und mit dem Stabmixer pürieren.

• Inzwischen die Minze abspülen, trocken schütteln und die Blättchen fein hacken. Die Butter in einer Pfanne erhitzen und die Minze darin kurz andünsten. Die Suppe auf Tassen oder Teller verteilen und etwas Minzbutter daraufgeben. Die Suppe mit dem Tomaten-Paprika-Gemüse servieren.

Ofentomaten *mit Reis*

einfach | gut vorzubereiten

3	**Portionen**
	Zubereitungszeit 35 Min.
	Backzeit 20 Min.
Pro Portion	**ca. 420 kcal, E 12 g, F 30 g, KH 25 g**

250 g	vorgegarter Reis
80 g	Edamer Käse
3 Stängel	Petersilie
	Salz, frisch gemahlener Pfeffer
1	Ei
6	Strauchtomaten
	Fett für die Form
200 g	Schmand
1–2 EL	Mineralwasser
	evtl. etwas edelsüßes Paprikapulver

• Den Backofen auf 200° (Umluft 180°, Gas Stufe 4) vorheizen. Den Reis nach Packungsangabe zubereiten. Edamer Käse auf einer Gemüsereibe fein reiben.

• Die Petersilie abspülen, trocken schütteln, die Blättchen abzupfen und fein hacken. Den Reis, den Käse und die Petersilie mischen und mit Salz und Pfeffer abschmecken. Das Ei unterrühren.

• Die Tomaten abspülen, von jeder Tomate einen Deckel abschneiden und die Kerne mit einem Teelöffel herauslösen. Die Tomaten mit dem Reis füllen und in eine gefettete ofenfeste Form setzen. Die Deckel wieder auf die Tomaten legen. Die Tomaten im vorgeheizten Backofen etwa 20 Min. backen.

• Inzwischen Schmand und Mineralwasser verrühren und mit Salz und Pfeffer würzen. Eventuell mit Paprikapulver bestreuen. Den Schmand als Sauce zu den Tomaten servieren.

Tipp Die Füllung kann auch in anderes Gemüse gefüllt werden z. B. Zucchini, Paprika oder Gurken. Harte Gemüsesorten, wie Kohlrabi, Fenchel oder Kartoffeln, müssen vor dem Füllen gekocht werden, weil die Zeit im Backofen zum Garen dann nicht reicht.

Tomaten-Risotto

einfach

4	**Portionen**
	Zubereitungszeit 35 Min.
Pro Portion	**ca. 575 kcal, E 18 g, F 22 g, KH 76 g**

1,4 l	Gemüsebrühe
1	kleine Zwiebel
2	Knoblauchzehen
2	kleine rote Chilischoten
4 EL	Olivenöl
350 g	Risotto-Reis
500 g	stückige Tomaten (aus dem Tetra-Pak)
	Meersalz, frisch gemahlener Pfeffer
1 EL	brauner Zucker
	evtl. etwas Chilipulver
50 g	Parmesan-Käse
½ Bund	Basilikum
125 g	Mozzarella-Käse

Tipp
Chilischoten sind sehr scharf. Wer den Risotto nicht ganz so scharf mag, sollte lieber nur ½–1 Chilischote dafür nehmen.

• Die Brühe aufkochen. Zwiebel und Knoblauch abziehen und fein hacken. Chilischoten abspülen, längs halbieren, entkernen und hacken (mit Küchenhandschuhen arbeiten!). Das Öl in einem großen Topf erhitzen. Zwiebel, Knoblauch und Chili dazugeben und kurz darin andünsten. Den Reis ebenfalls dazugeben und unter Rühren 2–3 Min. glasig dünsten.

• Eine Kelle kochend heiße Brühe zum Reis geben und bei kleiner Hitze verdampfen lassen. Restliche Brühe kellenweise immer dann dazugeben, wenn die Flüssigkeit vom Risotto aufgenommen ist. Dabei zwischendurch umrühren. Zum Schluss die Tomaten mit der Flüssigkeit zufügen. Den Risotto mit Salz, Pfeffer, Zucker und eventuell Chilipulver abschmecken.

• Parmesan in feine Scheibchen hobeln. Basilikum abspülen, trocken schütteln und die Blättchen in Streifen schneiden (einige Blättchen zum Garnieren beiseitelegen). Mozzarella abtropfen lassen und in dünne Scheiben schneiden.

• Zum Servieren Parmesan und Basilikumstreifen unter den Risotto rühren. Risotto mit Mozzarella-Scheiben und restlichen Basilikumblättchen garnieren und sofort servieren.

Klassiker

Ratatouille

Spätestens nach dem gigantischen Erfolg des gleichnamigen Films
mit der kleinen Gourmet-Ratte Remy ist ein Ratatouille salonfähig!

4	**Portionen**
	Zubereitungszeit 1 Std. 40 Min.
Pro Portion	ca. 155 kcal, E 4 g, F 11 g, KH 10 g

500 g	Auberginen
250 g	Zucchini
250 g	gelbe Paprikaschoten
2	Zwiebeln
400 g	Tomaten
½	Knoblauchzwiebel
4 EL	Olivenöl
1	Bouquet garni (Kräutersträußchen aus 1 Zweig Thymian, 1 Lorbeerblatt, 1 Stängel Petersilie, 1 Stängel Estragon)
	Salz, frisch gemahlener Pfeffer
½ Bund	Estragon

• Auberginen, Zucchini und Paprika putzen, eventuell abspülen und in grobe
Stücke schneiden (Step 1). Zwiebeln abziehen und ebenfalls in grobe Stücke
schneiden. Tomaten mit einem scharfen Messer kreuzweise einritzen, mit
kochendem Wasser übergießen, 1 Min. ziehen lassen und kalt abspülen.
Tomaten häuten, vierteln und entkernen (Step 2).

• Den Knoblauch abziehen und durch eine Knoblauchpresse drücken. Das Öl
in einem Schmortopf erhitzen. Auberginen, Zucchini und Paprika darin portionsweise braun anbraten. Zwiebeln dazugeben und kurz mitbraten. Die Tomaten,
das Kräutersträußchen und den zerdrückten Knoblauch dazugeben und mit Salz
und Pfeffer würzen (Step 3).

• Den Schmortopf schließen und alles bei kleiner Hitze etwa 1 Std. schmoren
lassen. Zwischendurch vorsichtig umrühren und eventuell noch etwas heißes
Wasser dazugießen.

• Das Kräutersträußchen entfernen. Ratatouille nochmals mit Salz und Pfeffer
abschmecken. Den Estragon abspülen, trocken schütteln und die Blättchen fein
hacken. Estragon unter das Ratatouille rühren.

Tipp

Ratatouille kann als Eintopf, Gemüse-
gericht oder als Beilage zu Fleisch
oder Fisch heiß oder kalt serviert
werden. Ein Schuss feinstes Olivenöl
extra zum Schluss überm Ratatouille
macht's noch köstlicher!

Tomaten-Ziegenkäse-Tartes

raffiniert | einfach

6 Stück
Zubereitungszeit 30 Min.
Kühlzeit 30 Min.
Backzeit 20 Min.
Pro Stück **ca. 260 kcal, E 5 g, F 18 g, KH 19 g**

80 g	kalte Butter
140 g	Mehl
	Meersalz
	Zucker
150 g	Ziegenkäserolle
250 g	kleine Tomaten
	Fett für die Förmchen
	Mehl zum Arbeiten
2 EL	Olivenöl
	frisch gemahlener Pfeffer
½ Bund	Basilikum

Tipp
Wer Käse gern mit süßen Aromen kombiniert, kann vor dem Backen etwas braunen Zucker über die Törtchen streuen oder nach dem Backen ein paar Tropfen Ahornsirup über den Käse träufeln.

• Für den Mürbeteig die Butter in kleine Würfel schneiden. Butterwürfel, Mehl, je 1 Prise Salz und Zucker und 3 EL kaltes Wasser schnell mit den Händen zu einem glatten Teig verkneten. Den Mürbeteig in Frischhaltefolie wickeln und für mindestens 30 Min. kalt stellen.

• Für den Belag den Ziegenkäse zerbröckeln. Die Tomaten abspülen und je nach Größe halbieren oder in Scheiben schneiden.

• Den Backofen auf 180° (Umluft 160°, Gas Stufe 3) vorheizen. Sechs kleine ofenfeste Portionsförmchen (Ø etwa 10 cm) fetten. Den Teig auf der bemehlten Arbeitsfläche dünn ausrollen, sechs Kreise von etwa 12 cm Ø ausschneiden und die Förmchen damit auslegen. Dabei einen etwa 1–2 cm hohen Rand formen. Den Teig mit einer Gabel mehrmals einstechen.

• Tomaten und Ziegenkäse auf dem Teig verteilen. Das Olivenöl darüberträufeln. Törtchen mit Salz und Pfeffer würzen und im vorgeheizten Backofen etwa 20 Min. goldbraun backen. Basilikum abspülen, trocken schütteln, die Blätter grob zerzupfen und über die Törtchen streuen.

Käse-Knoblauch-Kuchen

einfach

2 Stück
Zubereitungszeit 30 Min.
Ruhezeit 30 Min.
Backzeit pro Stück 15 Min.
Pro Stück **ca. 965 kcal, E 33 g, F 54 g, KH 87 g**

220 g	Mehl	2 EL	Schmand
5 EL	Olivenöl	2	frische Knoblauchzwiebeln
1	Eigelb	200 g	Mozzarella-Käse
	Meersalz		frisch gemahlener Pfeffer
	Mehl zum Arbeiten	2 Stängel	Thymian

• Für den Teig Mehl, 3 EL Öl, Eigelb, ½ TL Salz und 100 ml Wasser zunächst mit den Knethaken des Handrührers, dann mit den Händen schnell zu einem glatten Teig verkneten. Teig halbieren, zu zwei Kugeln formen und in Frischhaltefolie gewickelt bei Zimmertemperatur 30 Min. ruhen lassen.

• Den Backofen auf 240° (Umluft 220°, Gas Stufe 6) vorheizen. Jede Teigportion auf einer leicht bemehlten Arbeitsfläche zu einem dünnen Fladen (Ø 30 cm) ausrollen. Die beiden Teigfladen auf zwei mit Backpapier ausgelegte Backbleche legen. Jede Teigplatte mit jeweils 1 EL Schmand bestreichen.

• Von den beiden Knoblauchzwiebeln jeweils den Wurzelansatz und die langen Stiele abschneiden. Die Knoblauchzwiebeln in hauchdünne Scheiben schneiden und die Scheiben auf den beiden Teigböden verteilen.

• Mozzarella abtropfen lassen, in Scheiben schneiden und auf den Knoblauch legen. Salzen und pfeffern. Thymian abspülen, trocken schütteln und die Blättchen abstreifen. Blättchen auf die Knoblauchkuchen streuen und das restliche Olivenöl darüberträufeln. Die Knoblauchkuchen nacheinander im vorgeheizten Backofen auf der untersten Schiene etwa 15 Min. knusprig backen.

Tipp Für diesen Knoblauchkuchen nur ganz junge und frische Knoblauchzwiebeln nehmen. Die langen Stiele sollten noch von grüner Farbe und um die Zehen herum sollten die Häutchen noch nicht getrocknet sein. Wenn es den jungen Knoblauch nicht gibt, einfach pro Kuchen etwa 3–4 Knoblauchzehen in dünne Scheiben schneiden und darauf verteilen. Oder die Kuchen mit feinen Zwiebelringen belegen.

Mais mit Butterzweierlei

raffiniert | gut vorzubereiten

6	**Portionen**
	Zubereitungszeit 1 Std.
	Kühlzeit 1 Std.
Pro Portion	ca. 525 kcal, E 6 g, F 41 g, KH 33 g

½ Bund	Minze
½	Limette
1 TL	rosa Pfefferbeeren
250 g	weiche Butter
	Salz
2	Knoblauchzehen
60 g	entsteinte schwarze Oliven
½ Bund	Majoran
150 ml	Milch
1 EL	Zucker
6	frische Bio-Maiskolben

• Für die Minzbutter die Minze abspülen, trocken schütteln und die Blättchen fein hacken. Limette heiß abspülen und trocken tupfen. Limettenschale mit einem Zestenreißer abziehen oder die Schale dünn abschälen und hacken. Die Pfefferbeeren in einem Mörser grob zerstoßen. Minze, Limettenschale, Pfefferbeeren und 125 g Butter kurz im Blitzhacker zerkleinern. Die Minzbutter mit Salz abschmecken und als Rolle in Butterbrotpapier fest einwickeln.

• Für die Olivenbutter den Knoblauch abziehen und fein hacken. Oliven ebenfalls fein hacken. Majoran abspülen, trocken schütteln und die Blättchen fein hacken. 125 g Butter, Knoblauch, Oliven und Majoran ebenfalls kurz im Blitzhacker zerkleinern. Herausnehmen, mit Salz abschmecken und als Rolle in Butterbrotpapier einwickeln. Die beiden Buttersorten mindestens 1 Std. in den Kühlschrank legen, damit sie fest genug zum Schneiden werden.

• Inzwischen 1 l Wasser mit Milch und Zucker aufkochen. Die Maiskolben putzen und etwa 20 Min. darin kochen. Abgetropfte Maiskolben rundherum auf dem heißen Grill etwa 5 Min. grillen und mit den beiden Buttersorten servieren.

Tipp Die Butter lässt sich gut einfrieren und hält sich mindestens 3 Monate im Tiefkühler. Sie schmeckt auch wunderbar zu geröstetem Brot und auf kurz gebratenem Fleisch – Minzbutter zu hellem, Olivenbutter zu dunklem Fleisch.

Gebackener Käse

einfach | schnell

4 **Portionen**
Zubereitungszeit 10 Min.
Backzeit 4 Min.
Pro Portion **ca. 210 kcal, E 13 g, F 17 g, KH 1 g**

300 g Feta- oder Halloumi-Käse
2 Scheiben von 1 Bio-Zitrone
frisch gemahlener Pfeffer
Olivenöl und Zitronensaft zum Beträufeln

• Den Backofen auf 200° (Umluft 180°, Gas Stufe 4) vorheizen. Den Käse in Scheiben schneiden. Eine große Form oder mehrere kleine ofenfeste Förmchen in den vorgeheizten Backofen stellen und aufheizen.

• Käse- und Zitronenscheiben in die heiße Form bzw. Förmchen legen und im Backofen etwa 4 Min. backen, der Käse soll seine Form behalten.

• Den heißen Käse mit Pfeffer bestreuen und mit etwas Olivenöl und Zitronensaft beträufeln.

Dazu Rauke- oder Wildkräutersalat oder schwarze Oliven und Peperoni

Tipps Ein tolles Rezept für ein schnelles Abendessen oder wenn überraschend Gäste kommen. Oder mit Salat als Vorspeise.

Halloumi-Käse ist eine Spezialität aus Zypern und kann aus Ziegen-, Schaf- oder Kuhmilch sein. Der fertige Käse wird in Salzlake eingelegt und wird für die unterschiedlichsten Gerichte verwendet. Super: Man kann ihn sogar grillen, ohne dass er völlig zerläuft.

Dill-Kartoffel-Salat

einfach | gut vorzubereiten

6	**Portionen**
	Zubereitungszeit 35 Min.
	Kühlzeit 30 Min.
Pro Portion	ca. 310 kcal, E 4 g, F 21 g, KH 24 g

1 kg	kleine festkochende Kartoffeln
	Salz
200 g	grüne Oliven mit Paprikafüllung
1	Bio-Zitrone
½ Bund	Dill
100 ml	Gemüsebrühe
60 g	Kapern
100 ml	Olivenöl
	frisch gemahlener Pfeffer

• Die Kartoffeln gründlich abbürsten, abspülen und ungeschält in Salzwasser etwa 20 Min. zugedeckt kochen. Inzwischen die Oliven quer halbieren. Die Zitrone heiß abspülen und trocken tupfen. Mit einem Zestenreißer die Schale abziehen oder die Schale dünn abschälen und fein hacken. Den Zitronensaft auspressen. Dill abspülen, trocken schütteln und grob hacken.

• Die Kartoffeln abgießen, kurz abkühlen lassen, noch warm pellen und halbieren oder vierteln. Brühe erhitzen und die Kartoffeln damit begießen. Dill, Kartoffeln, Oliven, Kapern und Zitronenschale mischen.

• Olivenöl und Zitronensaft verrühren, mit Salz und Pfeffer abschmecken und über die Kartoffeln gießen. Den Salat kalt stellen und noch etwa 30 Min. ziehen lassen. Vor dem Servieren nochmals abschmecken.

Dazu gegrillter Fisch oder Fleisch

Tipp Für Salate am besten immer festkochende Kartoffeln nehmen. Sie lassen sich einfacher schneiden und zerbröckeln beim Mischen nicht so schnell. Vor dem Servieren immer noch einmal abschmecken, weil Kartoffeln viel Salz und Würze brauchen.

Neue Kartoffeln *mit Ei*

einfach

4	**Portionen**
	Zubereitungszeit 40 Min.
Pro Portion	**ca. 530 kcal, E 20 g, F 30 g, KH 44 g**

4 Bund	Kräuter (z. B. glatte Petersilie, Dill, Basilikum, Estragon, Koriandergrün, Senfrauke, Sauerampfer, Schnittlauch)
250 g	fettreduzierte Mayonnaise
200 g	fettreduzierter Joghurt
1 EL	mittelscharfer Senf
2 EL	Zitronensaft
	Salz
2 TL	Chilipulver
	Zucker
1 kg	festkochende neue Kartoffeln
4	Eier
4 Blätter	Sauerampfer
	grob geschroteter schwarzer Pfeffer

• Die Kräuter abspülen, trocken schütteln und die Blättchen grob hacken. Den Schnittlauch in Röllchen schneiden. Die Mayonnaise, den Joghurt und den Senf verrühren. Den Zitronensaft und die Kräuter unterrühren und die Sauce mit Salz, Chilipulver und 1 Prise Zucker abschmecken.

• Die Kartoffeln gründlich abbürsten, abspülen und ungeschält in Salzwasser etwa 20 Min. zugedeckt kochen. Die Eier in 8–10 Min. hart kochen.

• Den Sauerampfer abspülen, trocken schütteln und die Blätter quer in Streifen schneiden. Die Eier in kaltes Wasser legen, dann schälen. Kartoffeln abgießen, kurz abkühlen lassen, pellen und eventuell halbieren.

• Die Kräutersauce auf eine Platte geben. Kartoffeln und Eier hineinsetzen und mit den Sauerampferstreifen garnieren. Mit Salz und Pfeffer bestreuen.

Tipp Die Kartoffeln und Eier (Hungrige essen auch gern 2 Eier zu Kartoffeln und Sauce) schmecken auch mit dem Klassiker »Frankfurter Grüne Sauce« (s. S. 37). Dazu gehören aber unbedingt Schnittlauch, Petersilie, Dill, Sauerampfer, Estragon, Kerbel und Pimpinelle.

Pesto-Salat *auf Polenta*

einfach | schnell

4	**Portionen**
	Zubereitungszeit 20 Min.
Pro Portion	**ca. 440 kcal, E 12 g, F 41 g, KH 8 g**

1 Bund	Basilikum
1	Knoblauchzehe
30 g	Pecorino-Käse
30 g	Kürbiskerne
60 ml	Kürbiskernöl
	Salz, frisch gemahlener Pfeffer
3 Stängel	Oregano
800 ml	Gemüsebrühe
200 g	Polenta (Maisgrieß)
50 g	Parmesan-Käse
50 g	Butter
1	Kopfsalat

• Für das Pesto das Basilikum abspülen, trocken schütteln und die Blättchen abzupfen. Knoblauch abziehen. Pecorino-Käse, Kürbiskerne, Öl, Basilikumblättchen und Knoblauch mit dem Stabmixer oder im Mixer nicht zu fein pürieren. Mit Salz und Pfeffer abschmecken.

• Für die Polenta den Oregano abspülen, trocken schütteln und die Blättchen hacken. Die Brühe aufkochen und den Polenta-Grieß unter ständigem Rühren einstreuen. Den Polenta-Brei mit Salz abschmecken.

• Den Parmesan fein reiben und zusammen mit der Butter und dem Oregano unter die Polenta rühren.

• Den Kopfsalat auseinanderzupfen, abspülen und trocken schleudern. Polenta und Salatblätter auf einer Platte anrichten. Einen Teil des Pestos in die Salatblätter verteilen, den Rest extra dazu reichen.

Tipp Pecorino-Käse wird im Gegensatz zu Parmesan nicht aus Kuh-, sondern aus Schafmilch hergestellt und schmeckt kräftiger. Man findet ihn auf Sardinien, Sizilien und in Mittelitalien. Er reift unterschiedlich lange. Ältere Käse sind hart und eignen sich besonders gut zum Reiben. Übrigens gehört Pecorino ins klassische Pesto genovese.

Polenta mit Brennnessel-Spinat

raffiniert

4	**Portionen**		
	Zubereitungszeit 35 Min.		
Pro Portion	**ca. 555 kcal, E 20 g, F 26 g, KH 60 g**		

	Salz	1	Knoblauchzehe
300 g	Polenta (Maisgrieß)	2 EL	Sonnenblumenöl
100 g	Parmesan-Käse		frisch gemahlener Pfeffer
100 g	Sahne	1 TL	Honig
500 g	Blattspinat	1 Bund	Liebstöckel oder glatte
200 g	junge Brennnesseln (oder		Petersilie
	Blattspinat)	2 EL	Pinienkerne
1	große Zwiebel		

• Für die Polenta 1 ¼ l Wasser und 1 EL Salz aufkochen. Die Polenta langsam einrieseln lassen und bei kleiner Hitze unter Rühren 3 Min. kochen. Parmesan-Käse reiben und zusammen mit der Sahne unter die Polenta rühren. Polenta aus dem Topf nehmen und als Kloß in ein feuchtes Küchentuch einschlagen, damit sie nicht trocken wird.

• Für das Spinat-Brennnessel-Gemüse den Spinat und die Brennnesseln putzen und die Blätter von den Stängeln zupfen. Blätter gründlich abspülen, trocken schütteln und grob hacken.

• Zwiebel und Knoblauch abziehen und hacken. Das Öl in einem großen Topf erhitzen und Zwiebel und Knoblauch darin glasig dünsten. Spinat und Brenn-nesseln dazugeben. Das Gemüse zugedeckt kurz zusammenfallen lassen und 5 Min. dünsten (eventuell 2 EL Wasser dazugeben). Das Gemüse mit Salz, Pfeffer und Honig würzen.

• Liebstöckel oder Petersilie abspülen, trocken schütteln, die Blättchen ab-zupfen und hacken. Die Pinienkerne in einer Pfanne ohne Fett rösten. Kräuter und Pinienkerne über das Gemüse streuen. Zum Servieren die Polenta in Scheiben schneiden und zum Gemüse servieren.

Tipp Wenn Polenta übrig bleibt, in Scheiben schneiden und in einer Pfanne in etwas Butter oder Olivenöl braten. Oder die Polentascheiben in eine ofen-feste Form schichten, mit 3 EL Parmesan bestreuen und im Ofen überbacken.

Rote Linsen *mit Ziegenkäse*

raffiniert

4	**Portionen**
	Zubereitungszeit 45 Min.
Pro Portion	**ca. 450 kcal, E 26 g, F 12 g, KH 59 g**

300 g	rote Linsen	½ l	Gemüsebrühe
1	Zwiebel		Salz, frisch gemahlener
1	Knoblauchzehe		Pfeffer
30 g	frischer Ingwer	1 EL	Zitronensaft
3 EL	Öl	1 Bund	Koriandergrün
½ TL	gemahlene Kurkuma	2 TL	rosa Pfefferbeeren
½ TL	gemahlener Kardamom	3	Ziegenkäsetaler à 40 g
1 TL	gemahlener Kreuzkümmel (Cumin)	75 g	Zucker
1 TL	Currypulver	1–2 TL	Butter

• Die Linsen in ein Sieb geben, abspülen und abtropfen lassen. Zwiebel und Knoblauch abziehen, Ingwer schälen und alle drei Zutaten fein würfeln.

• 2 EL Öl in einem Topf erhitzen und Zwiebel, Ingwer und Knoblauch darin andünsten. Die Gewürze dazugeben und kurz mitdünsten. Linsen und Brühe ebenfalls dazugeben und aufkochen. Bei kleiner Hitze etwa 12–15 Min. zugedeckt kochen lassen. Linsen mit Salz, Pfeffer und Zitronensaft abschmecken. Koriander abspülen, trocken schütteln, die Blättchen abzupfen und bis auf einige zum Verzieren unterheben.

• Für die karamellisierten Ziegenkäsebällchen die rosa Pfefferbeeren grob zerstoßen. Käsetaler vierteln, die Käsemasse mit den Händen zu kleinen Bällchen rollen und dabei die zerstoßenen Pfefferbeeren einarbeiten.

• Einen flachen Teller mit Alufolie auslegen und die Folie mit dem restlichen Öl bestreichen. Zucker in einem kleinen Topf hellbraun karamellisieren lassen. Vom Herd nehmen und die Butter unterrühren.

• Käsebällchen einzeln in den heißen Karamell tauchen, mit einer Gabel herausnehmen, auf die Alufolie legen, fest werden lassen. Zum Servieren die Linsen in vier kleinen Schüsseln anrichten, die karamellisierten Käsebällchen und einige Korianderblättchen darauflegen.

Tipp Getrocknete Hülsenfrüchte wie Linsen, Bohnen oder Erbsen immer ohne Salz kochen. Durch das Salz bleiben die Hülsenfrüchte fest oder sogar hart. Besser erst nach dem Kochen salzen.

Buchweizenschmarrn

schnell | schmeckt Kindern

4	**Portionen**
	Zubereitungszeit 30 Min.
	Quellzeit 15 Min.
Pro Portion	**ca. 575 kcal, E 12 g, F 20 g, KH 83 g**

500 g	Kirschen
1	Bio-Zitrone
4 EL	Kirschkonfitüre
¼ l	Kirsch- oder Apfelsaft
3	Eier
je 75 g	Weizen- und Buchweizenmehl
3 EL	Zucker
1 Päckchen	Vanillezucker
	Salz
200 ml	Milch
4 EL	Butter
2 EL	Puderzucker zum Bestäuben

Tipp

Wenn Kirschen keine Saison haben, Kirschen aus dem Glas nehmen oder ein Kompott aus anderen Früchten (Äpfel, Zwetschgen, Birnen, Rhabarber) kochen.

• Für das Kirschkompott die Kirschen abspülen, von den Stielen zupfen und entsteinen. Die Zitrone heiß abspülen, trocken tupfen und ein Stück Zitronenschale abschälen. Kirschen, Zitronenschale, Kirschkonfitüre und Saft einmal aufkochen, dann die Kirschen in dem Sud abkühlen lassen.

• Für den Buchweizenschmarrn etwa 1 TL Schale von der Zitrone abreiben. Die Eier trennen. Eigelbe, beide Mehlsorten, die Hälfte des Zuckers, Vanillezucker, 1 Prise Salz, Milch und Zitronenschale verrühren. Den Teig 15 Min. quellen lassen. 2 EL Butter schmelzen und unter den Teig rühren. Eiweiße und restlichen Zucker steif schlagen und ebenfalls unter den Teig heben.

• Eine beschichtete Pfanne (∅ 28 cm) sehr heiß werden lassen, etwas Butter darin schmelzen und den Teig hineingießen. Teig zugedeckt bei kleiner Hitze stocken lassen. Pfannkuchen auf einen großen Deckel gleiten lassen und umgedreht wieder in die Pfanne geben. Restliche Butter seitlich unter den Pfannkuchen in die Pfanne geben. Pfannkuchen mit zwei Gabeln in Stücke reißen und unter Wenden fertig backen. Den Schmarrn mit Puderzucker bestäuben und mit dem Kirschkompott servieren.

Himbeer-Thymian-Risotto

für Gäste | raffiniert

4	**Portionen**
	Zubereitungszeit 45 Min.
Pro Portion	**ca. 475 kcal, E 8 g, F 28 g, KH 78 g**

1,5 l	Gemüsefond (aus dem Glas)
1	Schalotte
50 g	Butter
350 g	Risotto-Reis
100 ml	trockener Weißwein
6 EL	Himbeeressig
2 EL	brauner Zucker
½ Bund	Thymian
1 TL	Öl
	Meersalz, frisch gemahlener Pfeffer
150 g	Ziegenfrischkäse
80 g	Himbeeren

• Den Gemüsefond aufkochen. Die Schalotte abziehen und fein hacken. Die Butter in einem Topf aufschäumen lassen. Schalotte dazugeben und in der Butter hellgelb andünsten. Den Reis dazugeben und unter Rühren 2–3 Min. glasig dünsten.

• Den Wein zum Reis gießen und unter Rühren einkochen lassen. Den kochend heißen Fond kellenweise immer dann zum Reis geben, wenn die Flüssigkeit vom Risotto vollständig aufgenommen ist. Dabei zwischendurch umrühren.

• In der Zwischenzeit Himbeeressig und Zucker in einem kleinen Topf auf die Hälfte einkochen lassen. Den Thymian abspülen, trocken schütteln und die Blättchen von den Stängeln zupfen. Das Öl erhitzen und die Thymianblättchen darin anbraten.

• Den Risotto mit Salz und Pfeffer abschmecken. Den Frischkäse in Flöckchen dazugeben und vorsichtig unterheben. Zum Servieren die Himbeeren über den Risotto streuen und etwas vom eingekochten Himbeersirup darüberträufeln. Den angebratenen Thymian darüberstreuen und den Risotto sofort servieren.

Tipp Risotto-Reis enthält mehr Stärke als Langkornreis und kann mehr Flüssigkeit aufnehmen, ohne dabei breiig zu werden. Die bekanntesten Sorten sind »Arborio«, »Vialone« und »Carnaroli«.

Herbst

... ist Expertenzeit. Die leckersten Kürbisrezepte, der deftigste Zwiebelkuchen und die geheimste Adresse für den besten Flammkuchen werden jetzt hoch gehandelt. Sparen Sie sich den Stress. Alles, was Sie brauchen, ist hier!

Kürbis-Pfifferling-Suppe

für Gäste

4	**Portionen**
	Zubereitungszeit 45 Min.
Pro Portion	**ca. 325 kcal, E 5 g, F 26 g, KH 14 g**

1	Hokkaido-Kürbis (etwa 1,2 kg)
1	mittelgroße Zwiebel
2 EL	Olivenöl
1 l	Gemüsebrühe
2 EL	weißer Wermut oder Orangensaft
	Salz, frisch gemahlener Pfeffer
	Saft von 1 Orange
150 g	Pfifferlinge
30 g	Butter oder Margarine
100 g	Crème fraîche

• Kürbis halbieren und mit einem Löffel die Kerne herauskratzen. Kürbishälften in Spalten schneiden, nach Belieben schälen und das Fruchtfleisch grob würfeln. Zwiebel abziehen und fein würfeln.

• Das Öl in einem Topf erhitzen und die Zwiebel- und Kürbiswürfel darin glasig dünsten. Die Brühe und den Wermut dazugießen, einmal aufkochen lassen und bei mittlerer Hitze 20 Min. gerade eben kochen lassen. Dann alles mit dem Stabmixer pürieren. Suppe mit Salz, Pfeffer und Orangensaft abschmecken.

• Pfifferlinge putzen. Butter oder Margarine in einer Pfanne erhitzen und die Pilze darin kurz anbraten. Mit Salz und Pfeffer würzen.

• Die Suppe in vier vorgewärmte Tassen geben. Jeweils 1 gehäuften TL Crème fraîche und die Pilze daraufgeben. Leicht pfeffern und sofort servieren.

Tipps Wenn es keine Pfifferlinge gibt, andere Pilze, z. B. braune Champignons oder Kräuterseitlinge, nehmen.

Hokkaido-Kürbisse müssen nicht geschält werden!

Pilzeintopf mit Sherry

einfach | für Gäste

4	**Portionen**
	Zubereitungszeit 50 Min.
Pro Portion	**ca. 405 kcal, E 12 g, F 20 g, KH 34 g**

30 g	getrocknete gemischte Pilze (z. B. Steinpilze, Shiitake oder Champignons)	150 ml	halbtrockener Sherry (Medium)
1 Bund	Lauchzwiebeln	1	getrocknete rote Chilischote
750 g	gemischte frische Pilze (Shiitake, Champignons, Kräuterseitlinge)	250 g	frische Gnocchi (aus dem Kühlregal)
4 Zweige	Rosmarin		Salz, frisch gemahlener Pfeffer
3 EL	Öl		etwas Zitronensaft
2–3 EL	Mehl	150 g	Sahne
½ l	Gemüsebrühe		

• Getrocknete Pilze in 400 ml lauwarmem Wasser etwa 15 Min. einweichen. Inzwischen Lauchzwiebeln putzen, abspülen und klein schneiden. Frische Pilze putzen und in kleine Stücke schneiden. Rosmarin abspülen, trocken schütteln. Von 2 Zweigen die Nadeln abstreifen und fein hacken.

• 2 EL Öl in einem Topf erhitzen. Frische Pilze bei starker Hitze portionsweise darin anbraten. Lauchzwiebeln und gehackten Rosmarin zufügen und mitbraten.

• Eingeweichte Pilze abgießen, den Sud dabei auffangen, Pilze fein hacken, zu den anderen Pilzen in den Topf geben und mit Mehl bestäuben. Etwa 1 Min. andünsten. Pilzsud, Brühe und Sherry einrühren und aufkochen lassen. Chili zufügen und bei mittlerer Hitze etwa 10–15 Min. gerade eben kochen lassen.

• 3 Min. vor Ende der Garzeit die Gnocchi zugeben und im Pilzeintopf erhitzen. Die Chilischote entfernen. Den Eintopf mit Salz, Pfeffer und Zitronensaft abschmecken. Die Sahne steif schlagen und kurz vor dem Servieren unter den Eintopf rühren. Zum Anrichten das restliche Öl in einer Pfanne erhitzen und die restlichen Rosmarinzweige kurz darin anbraten. Pilzeintopf damit garnieren.

Dazu	Bauernbrot
Tipps	Die Gemüsebrühe halbieren und schon hat man eine tolle Sauce zu Pasta. Dann die Gnocchi weglassen.
	Statt Gnocchi passen auch kleine gekochte Kartoffeln in den Eintopf.

Klassiker

Senfeier

Wenn es Senfeier gibt, werden Kindheitserinnerungen wach. Abwechslung ins Rezept bringen verschiedene Senfsorten.

4	**Portionen**
	Zubereitungszeit 30 Min.
Pro Portion	**ca. 440 kcal, E 23 g, F 34 g, KH 11 g**

1	Schalotte
40 g	Butter
40 g	Mehl
300 ml	Gemüsebrühe
100 g	Sahne
100 ml	Milch
	Salz, frisch gemahlener Pfeffer
2–3 EL	mittelscharfer Senf
	Zucker
evtl. 1–2 TL	scharfer Senf
8–10	Eier
½ Bund	Schnittlauch

• Für die Senfsauce die Schalotte abziehen und in sehr feine Würfel schneiden. Butter in einem Topf erhitzen und die Schalottenwürfel darin bei mittlerer Hitze glasig dünsten. Das Mehl dazugeben und unter Rühren andünsten (Step 1).

• Brühe, Sahne und Milch langsam unter Rühren mit einem Schneebesen dazugießen (Step 2) und aufkochen. Bei kleiner Hitze etwa 10 Min. kochen lassen. Die Sauce mit Salz, Pfeffer, Senf und 1 Prise Zucker abschmecken. Wer gern pikant isst, schmeckt die Sauce zusätzlich noch mit etwas scharfem Senf ab.

• Eier in etwa 8 Min. wachsweich kochen, unter kaltem Wasser kurz abspülen und schälen (Step 3). Das geht gut, wenn Sie die Eier anschlagen und dann kurz mit der Hand auf der Arbeitsplatte hin und her rollen. Dann die Eier in die Senfsauce legen.

• Schnittlauch abspülen, trocken schütteln, in feine Röllchen schneiden und über Eier und Sauce streuen.

Dazu Kartoffelbrei oder Reis (z. B. Wildreismischung)

1

2

3

Tipp

Schnelle Saucen-Varianten: Mit gehackter Petersilie und Schnittlauchröllchen wird daraus eine Kräutersauce. Mit 2–3 EL Meerrettich (frisch gerieben oder aus dem Glas) wird daraus eine Meerrettichsauce.

Gemüse-Gratin

gut vorzubereiten | einfach

3	**Portionen**
	Zubereitungszeit 30 Min.
	Backzeit 20 Min.
Pro Portion	ca. 425 kcal, E 27 g, F 23 g, KH 23 g

300 g	Kartoffeln
1	Zwiebel
1 Dose	große weiße Bohnen (240 g Abtropfgewicht)
250 g	Mozzarella-Käse
1	Knoblauchzehe
3 Stängel	Oregano
1 TL	Olivenöl
8 EL	Sahne
	Salz, frisch gemahlener Pfeffer
	Butter für die Form

• Den Backofen auf 200° (Umluft 180°, Gas Stufe 4) vorheizen. Die Kartoffeln schälen, abspülen und in dünne Scheiben hobeln. Zwiebel abziehen und in Scheiben schneiden. Bohnen kurz abspülen, in einem Sieb gut abtropfen lassen.

• Mozzarella abtropfen lassen und in Scheiben schneiden. Knoblauch abziehen und fein hacken. Oregano abspülen, trocken schütteln, Blättchen abzupfen und grob hacken. Das Öl in einem Topf erhitzen und Zwiebel, Knoblauch und Oregano darin kurz anbraten. Die Sahne zugießen und die Sauce mit Salz und Pfeffer kräftig würzen.

• Die Kartoffeln und die Bohnen in eine große mit Butter gefettete Auflaufform schichten. Knoblauch-Oregano-Sahne darübergießen und den Auflauf mit Mozzarella-Scheiben belegen. Im vorgeheizten Backofen etwa 20 Min. backen.

Dazu frisches Bauernbrot

Tipps Ein einfaches Rezept, das auch mit anderen Gemüsesorten (Paprikaschoten, Zucchini, dünnen Möhrenscheiben, Kohlrabi) gut klappt.

Für viele Gäste das Rezept verdoppeln oder verdreifachen und auf der Fettpfanne des Backofens zubereiten. Die Garzeit erhöht sich auf etwa 35 Min.

Grüne Ricotta-Knödel

schmeckt Kindern | einfach

2 **Portionen**
Zubereitungszeit 50 Min.
Kühlzeit 1 Std.
Pro Portion ca. 500 kcal, E 26 g, F 28 g, KH 36 g

100 g	Grünkohl		frisch geriebene Muskatnuss
2	Zwiebeln	400 g	Hokkaido-Kürbis
½ EL	Butterschmalz	2	Knoblauchzehen
	Salz, frisch gemahlener Pfeffer	1 EL	Öl
50 g	frisch geriebener Parmesan-Käse	300 ml	Gemüsebrühe
100 g	Ricotta-Käse	2 TL	Akazienhonig
1	Ei	1 TL	körniger Senf
50 g	Mehl		

• Für die Knödel den Grünkohl abspülen, abtropfen lassen und hacken.
1 Zwiebel abziehen und fein würfeln. Das Butterschmalz in einem Topf erhitzen
und die Zwiebelwürfel darin glasig dünsten. Grünkohl unterrühren und etwa
8 Min. weiterdünsten. Gemüse mit Salz und Pfeffer würzen, abkühlen lassen.

• Die Hälfte des Parmesans, Ricotta, Ei und Mehl verrühren. Mit Salz und Muskat
abschmecken. Grünkohl und Ricotta-Mischung verkneten. Teig im Kühlschrank
etwa 1 Std. ruhen lassen.

• Inzwischen für die Sauce den Kürbis abspülen, entkernen und würfeln. Restliche Zwiebel und den Knoblauch abziehen und grob würfeln. Das Öl in einem
Topf erhitzen und Zwiebel und Knoblauch darin anbraten. Kürbis zugeben und
1–2 Min. mitbraten. Brühe zugießen und bei mittlerer Hitze zugedeckt etwa
10 Min. garen. Kürbis pürieren, Honig und Senf unterrühren. Die Sauce mit Salz
und Pfeffer abschmecken und warm stellen.

• Aus dem Grünkohlteig walnussgroße Knödel formen. In kochendes Salzwasser
legen und bei kleiner Hitze etwa 6 Min. gar ziehen (nicht kochen) lassen. Die
Knödel mit restlichem Parmesan bestreuen und mit der Kürbissauce servieren.

Tipps Der Grünkohl kann durch 100 g gut ausgedrückten TK-Blattspinat ersetzt
werden. Dann eventuell noch etwas mehr Mehl in den Knödelteig geben.

Die Knödel schmecken auch mit Tomatensauce.

Süßkartoffelrösti

raffiniert

3	**Portionen**
	Zubereitungszeit 1 Std.
Pro Portion	ca. 345 kcal, E 13 g, F 22 g, KH 22 g

1	Bio-Zitrone
1	Fenchelknolle
1	rote Chilischote
½ Bund	Dill
2 EL	Olivenöl
	Salz, frisch gemahlener Pfeffer
1	Ei
500 g	Süßkartoffeln
100 g	Feta-Schafkäse
2 EL	Butterschmalz

• Für die Fenchel-Salsa die Zitrone heiß abspülen und trocken tupfen. Schale abreiben und den Saft auspressen. Fenchel putzen, abspülen, halbieren und den Strunk herausschneiden. Fenchel fein würfeln. Die Chili abspülen, längs halbieren, entkernen und fein hacken (mit Küchenhandschuhen arbeiten!).

• Dill abspülen und trocken schütteln. Die Dillspitzen hacken. Fenchel, Chili, Zitronenschale, 1 EL Zitronensaft, Dill und Olivenöl vermischen. Die Salsa mit Salz und Pfeffer abschmecken.

• Für die Rösti das Ei verquirlen und die Kartoffeln schälen. Kartoffeln und Feta auf einer Gemüsereibe raspeln und mit dem Ei vermengen. Kartoffel-Feta-Teig mit Salz und Pfeffer abschmecken.

• Butterschmalz in einer Pfanne erhitzen. Je etwa 1 EL Kartoffel-Feta-Teig in die Pfanne geben und flach drücken. Rösti portionsweise von beiden Seiten in etwa 3–4 Min. goldgelb braten und mit der Fenchel-Salsa servieren.

Dazu grüner Salat mit Vinaigrette oder Joghurtdressing

Tipps Die Rösti funktionieren natürlich auch mit normalen festkochenden Kartoffeln oder mit Möhrenraspeln.

Fruchtiger wird die Salsa, wenn noch ein halber fein gewürfelter Apfel untergemischt wird.

Zwiebelkuchen mit Oliven

für Gäste

3	**Stück**
	Zubereitungszeit 30 Min.
	Backzeit 30 Min.
Pro Stück	**ca. 775 kcal, E 28 g, F 53 g, KH 45 g**

2	Gemüsezwiebeln à ca. 300 g	5	Eier
1 Bund	Lauchzwiebeln		etwas gemahlener Kreuz-
2	Knoblauchzehen		kümmel (Cumin)
2 EL	Olivenöl	9 Blätter	Filo-Teig (türkisches Lebens-
2–3 EL	flüssiger Honig		mittelgeschäft)
	Salz, frisch gemahlener Pfeffer		flüssige Butter zum
200 g	Ziegenfrischkäse		Bestreichen
200 g	Sahnejoghurt	3 EL	schwarze Oliven

• Für die Füllung die Gemüsezwiebeln abziehen, halbieren und in dünne Scheiben schneiden. Lauchzwiebeln putzen, abspülen und in etwa 1 cm dicke Ringe schneiden. Knoblauch abziehen und hacken.

• Das Öl in einer großen Pfanne erhitzen. Knoblauch darin bei kleiner Hitze andünsten. Zwiebeln dazugeben und bei mittlerer Hitze weich und glasig dünsten. Den Honig darüberträufeln und die Lauchzwiebelringe untermischen. Mit Salz und Pfeffer würzen und die Pfanne von der Herdplatte nehmen.

• Den Backofen auf 180° (Umluft 160°, Gas Stufe 3) vorheizen. Für den Guss Frischkäse, Joghurt und Eier verrühren. Die Masse mit Salz, Pfeffer und etwas Kreuzkümmel würzen.

• Filo-Teig in vier Quadrate von je etwa 20 cm Seitenlänge schneiden. Die Teigblätter mit flüssiger Butter bestreichen. Je 3 Teigblätter (zwölf Quadrate) übereinanderlegen, sodass die Teigecken rundherum Zacken bilden.

• Die Teigblätter in drei kleine Spring- oder Auflaufformen (Ø 20 cm) legen, sodass die Teigecken über den Rand hinausragen. Zwiebelfüllung und Guss auf die Formen verteilen. Oliven darüberstreuen. Die Formen auf den Backofenrost stellen und im vorgeheizten Backofen etwa 30 Min. backen.

Tipp Filo-Teig ist besonders praktisch und kann gut im Kühlschrank aufgehoben werden. Er eignet sich für eine schnelle Pizza ebenso wie für knuspriges Fladenbrot (einfach nur die Teigblätter mit Olivenöl bestreichen, mit Meersalz bestreuen und backen).

Feta-Spinat-Flammkuchen

schnell | einfach | für Gäste

4	**Portionen**
	Zubereitungszeit 40 Min.
	Backzeit 12 Min.
Pro Portion	ca. 495 kcal, E 19 g, F 28 g, KH 40 g

1 kg	frischer Blattspinat
1	Zwiebel
1	Knoblauchzehe
60 g	Butter
	Salz, frisch gemahlener Pfeffer
240 g	Yufka-Teigblätter (∅ 60 cm, türkisches Lebensmittelgeschäft)
100 g	Crème fraîche
150 g	Feta-Schafkäse
1 TL	Szechuan-Pfeffer

• Spinat putzen, abspülen und in ein Sieb geben. Zwiebel und Knoblauch abziehen und fein würfeln. 20 g Butter in einem großen Topf erhitzen. Zwiebel und Knoblauch darin glasig dünsten. Spinat tropfnass dazugeben und zugedeckt zusammenfallen lassen. Spinat kräftig mit Salz und Pfeffer abschmecken und in einem Sieb abtropfen lassen.

• Backofen auf 220° (Umluft 200°, Gas Stufe 5) vorheizen. Restliche Butter schmelzen. Die Yufka-Blätter vorsichtig auseinanderfalten, mit flüssiger Butter bestreichen und auf einem Backblech wieder aufeinanderlegen (bei kleinen Backblechen die Teigblätter eventuell halbieren und den Flammkuchen in zwei Portionen auf zwei Blechen nacheinander backen).

• Das obere Teigblatt mit Crème fraîche bestreichen, den Spinat am besten mit zwei Gabeln auseinanderzupfen und darauf verteilen. Feta grob zerbröckeln und mit dem Szechuan-Pfeffer über den Spinat streuen. Flammkuchen im heißen Backofen etwa 12 Min. backen.

Tipps Flammkuchen in schmale Stücke schneiden und als Vorspeise servieren.

Schneller geht's mit TK-Blattspinat. Wichtig: Auch der muss nach dem Auftauen gut abtropfen.

Kartoffelpfanne mit Munster

einfach | preiswert

1	**Portion**
	Zubereitungszeit 35 Min.
Pro Portion	**ca. 500 kcal, E 17 g, F 34 g, KH 31 g**

250 g	gekochte Kartoffeln vom Vortag
1	Zwiebel
2 EL	Öl
	frisch gemahlener Pfeffer
60 g	reifer Munsterkäse

• Kartoffeln pellen, Zwiebel abziehen und beides in dünne Scheiben schneiden. Das Öl in einer beschichteten Pfanne erhitzen. Kartoffeln und Zwiebel darin bei mittlerer Hitze etwa 15–20 Min. braten. Dabei mit einem Pfannenwender etwas zusammendrücken, sodass ein Fladen entsteht. Mit Pfeffer würzen.

• Kartoffelfladen mit Hilfe eines flachen Deckels oder Tellers vorsichtig wenden. Den Käse entrinden und in dünne Scheiben schneiden. Wenn der Kartoffelfladen auf beiden Seiten kross und braun ist, Käsescheiben darauflegen. Den Deckel auf die Pfanne legen und den Käse in 5 Min. schmelzen lassen. Kartoffelpfanne sofort servieren.

Dazu frischer grüner Blattsalat mit Sprossen

Tipps Für viele: Kartoffelfladen portionsweise in der Pfanne braten, auf ein Backblech legen, mit dem Käse belegen und bei 200° (Umluft 180°, Gas Stufe 4) etwa 10 Min. überbacken. Auf ein Backblech passen etwa vier Fladen.

Milder schmeckt die Kartoffelpfanne mit Mozzarella.

Asiatische Kartoffelpfanne

einfach | preiswert

2	**Portionen**
	Zubereitungszeit 40 Min.
Pro Portion	ca. 545 kcal, E 18 g, F 29 g, KH 52 g

500 g	vorwiegend festkochende Kartoffeln
2	Möhren
1	Zwiebel
1 Stück	frischer Ingwer (2 cm)
3 EL	Erdnussöl
1 EL	Honig
1 EL	Sojasauce
je 150 g	gelbe und grüne Zucchini
100 g	TK-Erbsen
50 g	Erdnusskerne
1 Bund	Koriandergrün
	Salz, frisch gemahlener Pfeffer

• Kartoffeln mit Schale gründlich unter fließendem Wasser abbürsten und in grobe Würfel schneiden. Möhren schälen und in Stücke schneiden. Zwiebel abziehen und würfeln.

• Ingwer schälen und fein hacken. Öl, Honig, Sojasauce und Ingwer verrühren. Das Gemüse und die Marinade mischen und etwa 10 Min. durchziehen lassen. Inzwischen Zucchini putzen, abspülen und in Würfel schneiden.

• Mariniertes Gemüse und 2 EL Wasser in einen Wok oder in eine große Pfanne geben. Zugedeckt bei kleiner bis mittlerer Hitze etwa 10 Min. dünsten. Dabei ab und zu umrühren. Die Zucchini und die Erbsen dazugeben und offen etwa 20 Min. fertig dünsten.

• Erdnüsse in einer Pfanne ohne Fett leicht rösten. Koriander abspülen, trocken schütteln und die Stängel grob zerpflücken. Kartoffel-Gemüse-Pfanne mit Salz und Pfeffer würzen, mit Erdnüssen und Koriander bestreuen und servieren.

Tipp Kartoffeln weglassen und durch je 1 rote und grüne Paprikaschote ersetzen. Eventuell noch etwas Brühe oder Reiswein zugießen und als Wok-Gemüse zu Basmatireis servieren.

Tandoori-Möhren *mit Reis*

raffiniert

2	**Portionen**
	Zubereitungszeit 30 Min.
	Marinierzeit 30 Min.
	Backzeit 30 Min.
Pro Portion	ca. 515 kcal, E 15 g, F 19 g, KH 68 g

1 Bund	Möhren	je ½ TL	gemahlener Kreuzkümmel
1–2 EL	indische Tandoori-Paste		(Cumin), gemahlene Kur-
	(Asialaden)		kuma und Zimtpulver (oder
2 EL	Öl		1 TL Curry-Mischung)
150 g	fettarmer Joghurt	1 Prise	Cayennepfeffer
120 g	Basmatireis	je 3 Stängel	Koriandergrün und Minze
50 g	Nuss-Mix (z. B. Sonnenblumen-	1 TL	Sambal oelek (indonesische
	kerne, Mandeln, Haselnüsse,		Gewürzpaste)
	Pistazien)		Salz, frisch gemahlener
3 EL	Rosinen		Pfeffer

• Möhren putzen, schälen, längs halbieren und in etwa 3 cm lange Stücke schneiden. Tandoori-Paste, 1 EL Öl und 1 EL Joghurt verrühren und die Möhren damit 30 Min. marinieren. Inzwischen den Reis abspülen und auf einem Sieb abtropfen lassen.

• Backofen auf 200° (Umluft 180°, Gas Stufe 4) vorheizen. Möhren in eine ofen-feste Form geben und etwa 30 Min. backen.

• In der Zwischenzeit Nüsse grob hacken. Restliches Öl in einem flachen Topf er-hitzen. Nüsse, Rosinen und Reis darin kurz anbraten. Gewürze zugeben und mit 200 ml Wasser aufgießen. Reis aufkochen und zugedeckt bei kleiner Hitze etwa 12 Min. quellen lassen.

• Koriander und Minze abspülen und fein hacken. Mit dem restlichen Joghurt und Sambal oelek verrühren. Joghurt-Dip und Reis mit Salz und Pfeffer abschmecken und mit den Möhren anrichten.

Tipps Die doppelte oder dreifache Menge zubereiten und für Gäste servieren.

Tandoori-Paste wird meist zum Marinieren von Geflügel (Tandoori-Chicken) verwendet. Typisch ist die rote Farbe.

Mangold-Ricotta-Rouladen

raffiniert | für Gäste

4	**Portionen**
	Zubereitungszeit 30 Min.
	Backzeit 25 Min.
Pro Portion	ca. 365 kcal, E 19 g, F 26 g, KH 14 g

8–10	große Mangoldblätter		frisch gemahlener Pfeffer
	Salz		frisch geriebene Muskatnuss
50 g	Pecorino-Käse		Fett für die Form
6	getrocknete Tomaten in Öl	1 EL	Butter
3 EL	Kapern	2	Knoblauchzehen
1	Eigelb	3–4	große Tomaten
250 g	Ricotta-Käse	2 EL	Olivenöl

• Für die Rouladen die Mangoldblätter putzen, abspülen und die dicken Stiele abschneiden. Stiele fein würfeln. Mangoldblätter in reichlich kochendem Salzwasser etwa 1 Min. vorkochen. Mit einer Schaumkelle aus dem Wasser heben, kalt abspülen, auf Küchenkrepp abtropfen lassen. Gewürfelte Mangoldstiele ins Kochwasser geben, etwa 2 Min. vorkochen, in ein Sieb gießen, kalt abspülen.

• Pecorino fein reiben. Getrocknete Tomaten abtropfen lassen und zusammen mit den Kapern fein hacken. Mangoldstiele, Pecorino, getrocknete Tomaten, Kapern, Eigelb und Ricotta verrühren. Mit Salz, Pfeffer und Muskat abschmecken.

• Den Backofen auf 200° (Umluft 180°, Gas Stufe 4) vorheizen. Jeweils 1–2 EL der Füllung auf einem Mangoldblatt verstreichen und das Blatt aufrollen. Alle Röllchen in eine gefettete Auflaufform legen und mit Butterflöckchen belegen. Im Backofen etwa 25 Min. backen.

• Für die Tomaten den Knoblauch abziehen. Die Tomaten abspülen und in etwa 1 cm dicke Scheiben schneiden, dabei die Stielansätze entfernen. Öl in einer Pfanne erhitzen. Knoblauch und Tomatenscheiben darin etwa 4 Min. braten, dabei einmal wenden und mit Salz und Pfeffer würzen. Die Mangoldrouladen auf den gebratenen Tomatenscheiben anrichten.

Dazu Brot oder Kartoffeln

Tipps Für die Tomaten am besten feste Fleischtomaten nehmen.

Pecorino-Käse gibt es in jeder gut sortierten Käsetheke. Ersatzweise passt Parmesan in dieses Rezept.

Zucchini-Limetten-Suppe

raffiniert

4	**Portionen**		
	Zubereitungszeit 45 Min.		
Pro Portion	**ca. 330 kcal, E 10 g, F 24 g, KH 19 g**		

500 g	kleine Zucchini	2 Zweige	Zitronenthymian (oder
150 g	Süßkartoffeln (oder mehlig-		2 Stängel Zitronenmelisse)
	kochende Kartoffeln)		Salz, frisch gemahlener
2	Schalotten		grüner Pfeffer
2	Limetten	1 TL	brauner Zucker
1	Knoblauchzehe	½ TL	gemahlener Koriander
2 EL	Öl	1 Msp.	Chilipulver
20 g	Butter	1 TL	getrocknete Minze
1 EL	gekörnte Gemüsebrühe		(evtl. aus dem Teebeutel)
¾ l	Milch	100 g	Sahne

• Zucchini abspülen, putzen und in 1 cm große Würfel schneiden. Die Süßkartoffeln schälen, abspülen und würfeln. Schalotten abziehen und fein würfeln. Limetten heiß abspülen und trocken tupfen. Die Schale mit einem Zestenreißer abziehen oder die Schale dünn abschälen und fein hacken. Die Limetten auspressen. Knoblauch abziehen und durch eine Knoblauchpresse drücken.

• Öl und Butter in einem Topf erhitzen. Schalottenwürfel darin glasig dünsten. Zwei Drittel der Limettenschale, Knoblauch und Süßkartoffelwürfel zugeben und 5 Min. schmoren. Zucchini zugeben und noch 2–3 Min. weiterschmoren.

• Brühe, ¼ l Milch und Saft 1 Limette zugießen und im geschlossenen Topf etwa 6 Min. garen. Mit dem Stabmixer pürieren. Das Gemüse sollte noch leicht stückig sein. Restliche Milch zugießen und aufkochen.

• Zitronenthymian abspülen, trocken schütteln und die Blättchen abzupfen. Die Suppe mit den Gewürzen und zerriebener Minze abschmecken. Sahne mit 1 Prise Salz steif schlagen. Auf jede Portion einen Löffel Sahne geben und mit Zitronenthymian und restlicher Limettenschale bestreuen.

Tipp **Die Suppe schmeckt im Sommer auch eisgekühlt.**

Variante Statt mit Zucchini die Suppe mit roten Paprikaschoten zubereiten. Dann muss nicht mit Zucker abgeschmeckt werden, sonst wird die Suppe zu süß.

Dhal mit Tomaten

einfach | macht fit

4	**Portionen**
	Zubereitungszeit 45 Min.
Pro Portion	**ca. 365 kcal, E 25 g, F 6 g, KH 52 g**

3	rote Zwiebeln (200 g)
3	Knoblauchzehen
1	rote Chilischote
1 Stück	Galgant (1 cm; oder Ingwer)
2	Kardamomkapseln
2 EL	Rapsöl
2	Nelken
1	Zimtstange
½ TL	Kreuzkümmel (Cumin)
1 EL	Garam masala (indische Gewürzmischung)
350 g	rote Linsen
	Salz, frisch gemahlener Pfeffer
250 g	Tomaten
200 g	Joghurt
½ Bund	Koriandergrün oder glatte Petersilie

• Zwiebeln und Knoblauch abziehen und fein würfeln. Chili abspülen, längs halbieren, entkernen und fein hacken (dabei mit Küchenhandschuhen arbeiten!). Galgant schälen und hacken.

• Kardamom in einem Mörser leicht zerdrücken. Öl in einem Topf erhitzen und Nelken, Kardamom, Zimt und Kreuzkümmel darin anrösten, bis sie duften. Garam masala, Zwiebeln, Knoblauch, Chili und Galgant zugeben und kurz mitbraten. Die Linsen in einem Sieb abspülen und dazugeben. 1 l Wasser zugießen, Linsen bei mittlerer Hitze etwa 20 Min. bissfest garen. Salzen und pfeffern.

• Tomaten abspülen, vierteln, entkernen und die Tomatenviertel fein würfeln, dabei die Stielansätze entfernen. Joghurt glatt rühren. Den Koriander abspülen, trocken schütteln und die Blättchen fein hacken. Tomatenwürfel und Koriander über die Linsen streuen und das Dhal mit dem Joghurt servieren.

Tipps Galgant gibt's im Asialaden. Es ist eine Ingwerart mit einem besonderen Geschmack. Galgant kann durch herkömmlichen Ingwer ersetzt werden.

Dhal ist eine indische Suppe, meist aus roten Linsen.

Winter

Wirsing im Winter! An trüben Tagen Teltower, Schwarzwurzeln bei Schnee, Grießklößchen bei Graupel und
Linsen bei … – Licht? Egal. Wir sind nicht zum Dichten
hier, sondern zum Genießen!

Kartoffeln in Sahnelinsen

preiswert | für Gäste

4	**Portionen**
	Zubereitungszeit 1 Std.
	Einweichzeit 12 Std.
Pro Portion	**ca. 650 kcal, E 21 g, F 36 g, KH 59 g**

250 g	getrocknete Tellerlinsen
750 g	kleine Salatkartoffeln oder »Drillinge«
2	Knoblauchzehen
1	Stück frischer Ingwer (etwa 25 g)
2 EL	Öl
2–3	kleine rote Chilischoten
½ TL	Zimtpulver
¼ TL	gemahlene Nelken
1 TL	gemahlener Kreuzkümmel (Cumin)
400 g	Sahne
	Salz
1 Bund	Koriandergrün
1–2 EL	Limettensaft

Tipp
Die Garzeit der Linsen hängt von ihrer Qualität ab. Es kann sein, dass sie nach der angegebenen Zeit noch nicht gar sind. Rote Linsen sind schneller gar und müssen nicht eingeweicht werden.

• Die Linsen über Nacht in kaltem Wasser (gut 2 cm hoch bedeckt) einweichen. In einem Sieb abtropfen lassen und das Einweichwasser auffangen.

• Kartoffeln schälen und abspülen. Knoblauch abziehen und fein hacken. Ingwer schälen und fein würfeln. Das Öl in einem Topf erhitzen. Knoblauch, Ingwer, die ganzen Chilischoten, Zimt, Nelken und Kreuzkümmel darin andünsten.

• Etwa 300 ml vom Einweichwasser der Linsen abmessen und dazugießen. Die Kartoffeln zufügen und bei kleiner Hitze etwa 5 Min. kochen lassen. Die Linsen und die Sahne zufügen und weitere 15 Min. kochen lassen. Wenn die Linsen noch nicht weich sind, die Kartoffeln herausnehmen, warm halten und die Linsen weitergaren. Die Sahnelinsen mit Salz abschmecken.

• Den Koriander abspülen, trocken schütteln und etwa die Hälfte der Blättchen hacken. Gehackten Koriander unter die Linsen rühren und das Gericht mit wenig Limettensaft abschmecken. Die Kartoffeln und die Linsen anrichten und mit dem restlichen Koriander garnieren.

Dazu geröstete Bauernbrotflocken

Grießklößchen in Pilzsahne

gut vorzubereiten

4	**Portionen**
	Zubereitungszeit 1 Std.
Pro Portion	**ca. 620 kcal, E 20 g, F 46 g, KH 34 g**

½ l	Milch	30 g	getrocknete Steinpilze oder
70 g	Butter		getrocknete gemischte Pilze
	Salz, frisch gemahlener Pfeffer	1	Knoblauchzehe
	frisch geriebene Muskatnuss	200 g	Sahne
130 g	Hartweizengrieß	1–2 EL	heller Saucenbinder
4	kleine Eier	evtl. 2 EL	weißer Portwein
30 g	Parmesan-Käse	3 Stängel	frischer Salbei
		1 EL	Öl

• Für die Grießklößchen ¼ l Milch, Butter, Salz, Pfeffer und Muskat aufkochen. Den Grieß einstreuen und so lange rühren, bis sich die Masse als dicker Kloß vom Topf löst und am Boden ein heller Belag entstanden ist.

• Grießkloß in eine Schüssel geben und 1 Ei unterrühren. Etwas abkühlen lassen und dann nacheinander die restlichen Eier unterrühren. Käse grob reiben und ebenfalls unterrühren. Grießmasse 15 Min. quellen lassen.

• Inzwischen in einem großen flachen Topf reichlich Salzwasser aufkochen. Für die Steinpilzsahne die Pilze in ¼ l lauwarmem Wasser 15 Min. einweichen. Mit zwei in kaltes Wasser getauchten Esslöffeln etwa 20 Klößchen von dem Grießteig abstechen und in das Salzwasser geben. Klößchen bei kleiner Hitze etwa 10 Min. gar ziehen (nicht kochen) lassen. Mit einer Schaumkelle aus dem Wasser heben und auf Küchenkrepp abtropfen lassen.

• Knoblauch abziehen und fein hacken. Pilze mit dem Einweichwasser, Knoblauch, der restlichen Milch und der Sahne zusammen etwa 10 Min. bei kleiner Hitze kochen lassen. Den Saucenbinder einrühren und kurz aufkochen lassen. Die Pilzsahne mit Salz, Pfeffer und eventuell Portwein abschmecken.

• Salbei abspülen, trocken schütteln und die Blättchen abzupfen. Öl in einer Pfanne erhitzen und die Blättchen darin kurz knusprig braten. Auf Küchenkrepp abtropfen lassen. Zum Servieren die Grießklößchen in der Pilzsahne erwärmen und die Salbeiblättchen darüberstreuen.

Tipps Das Wasser darf nicht sprudelnd kochen, sonst zerfallen die Klößchen.

Schneller sind fertige Gnocchi aus dem Kühlregal in der Pilzsahne gar.

Nudeltopf mit Walnüssen

raffiniert

4	**Portionen**
	Zubereitungszeit 50 Min.
Pro Portion	**ca. 905 kcal, E 29 g, F 38 g, KH 111 g**

1	Zwiebel
1 EL	Butter
500 g	Penne
1 l	Gemüsesaft
	Salz, frisch gemahlener Pfeffer
150 g	Sahne
200 ml	Milch
50 g	Walnusskerne
200 g	Feta-Schafkäse
1 Bund	glatte Petersilie

• Zwiebel abziehen und würfeln. Die Butter in einem Topf erhitzen und die Zwiebelwürfel darin glasig dünsten. Nudeln und etwas Gemüsesaft dazugeben und so lange rühren, bis der Saft verdampft ist. Mit Salz und Pfeffer würzen.

• Nach und nach den restlichen Saft unterrühren und verkochen lassen. Sahne und Milch ebenfalls unterrühren und kochen lassen, bis die Nudeln gar sind.

• Walnüsse in einer Pfanne ohne Fett leicht rösten, herausnehmen und grob hacken. Den Feta grob reiben. Die Petersilie abspülen, trocken schütteln und die Blättchen in feine Streifen schneiden.

• Nudeln mit Nüssen und jeweils der Hälfte des Schafkäses und der Petersilie mischen. Restlichen Schafkäse und Petersilie über die Nudeln streuen und sofort servieren.

Tipps Auf diese Art werden auch Penne all'arrabbiata gekocht. Wie beim Risotto kommt nach und nach so lange Flüssigkeit dazu, bis die Nudeln die Flüssigkeit aufgesogen haben und gar sind. Die Nudeln schmecken dann sehr viel aromatischer. Statt des Gemüsesafts eignen sich auch Brühe oder Tomatensaft – und zum Schluss ein Schuss Sahne.

Nudeln in Sauce immer sofort servieren, da sie auch nach dem Kochen noch viel Flüssigkeit aufsaugen und dann weich werden.

Semmelknödel mit Pilzen

preiswert | schmeckt Kindern

3	**Portionen**
	Zubereitungszeit 1 Std. 20 Min.
Pro Portion	**ca. 725 kcal, E 21 g, F 49 g, KH 56 g**

5–6	Brötchen vom Vortag		frisch geriebene Muskatnuss
	Salz		evtl. etwas Mehl
¼ l	Milch	400 g	Pfifferlinge oder andere
2	Zwiebeln		frische Pilze
1 Bund	glatte Petersilie	1 EL	Butterschmalz
2 EL	Butter	100 ml	Brühe
3	Eier	200 g	Sahne
	frisch gemahlener Pfeffer		etwas heller Saucenbinder

• Für die Knödel die Brötchen in dünne Scheiben schneiden und mit 2 Prisen Salz in eine Schüssel geben. Milch erhitzen, über die Brötchen gießen und zugedeckt 30 Min. ziehen lassen. Inzwischen 1 Zwiebel abziehen und fein würfeln. Petersilie abspülen, trocken schütteln und die Blättchen fein hacken. Die Butter in einer Pfanne erhitzen und die Zwiebelwürfel und die Petersilie darin andünsten.

• Zwiebel, Petersilie und Eier zu den Brötchen geben und mit Pfeffer und Muskat würzen. Mit den Knethaken des Handrührers kurz zu einem Teig verarbeiten. Wenn der Teig sehr klebt, noch etwas Mehl unterarbeiten. Mit angefeuchteten Händen etwa acht Knödel daraus formen.

• Einen großen Topf mit Salzwasser aufkochen. Knödel hineingeben und bei kleiner Hitze etwa 20 Min. gar ziehen lassen. Das Wasser darf nicht kochen, sonst zerfallen die Knödel.

• Inzwischen für das Pilz-Ragout die Pilze putzen, große eventuell halbieren. Die restliche Zwiebel abziehen und würfeln. Butterschmalz in einem Topf erhitzen und die Zwiebel darin andünsten. Pilze dazugeben und anbraten. Brühe und Sahne zu den Pilzen gießen, kurz aufkochen. Etwas hellen Saucenbinder in die kochende Flüssigkeit rühren und die Sauce mit Salz und Pfeffer abschmecken.

• Knödel mit einer Schaumkelle aus dem Wasser heben, in einer vorgewärmten Schüssel anrichten und zusammen mit dem Pilz-Ragout servieren.

Tipp Semmelknödel lassen sich auch gut aus richtig trockenen Brötchen machen. Dann braucht man vielleicht ein bisschen mehr Milch für den Teig. Kräftiger schmecken die Knödel mit Laugenbrötchen.

Wintereintopf

raffiniert | für Gäste

4	**Portionen**
	Zubereitungszeit 45 Min.
Pro Portion	**ca. 250 kcal, E 7 g, F 6 g, KH 39 g**

1 kg	Teltower Rübchen
700 g	Hokkaido-Kürbisfleisch
2	Birnen
4 EL	Zitronensaft
30 g	frischer Ingwer
2	Knoblauchzehen
2	große Zwiebeln
2 EL	Sonnenblumenöl
2 EL	Mehl
700 ml	Gemüsebrühe
1 TL	Currypulver
½ TL	geschrotete Chilischoten
	Salz, frisch gemahlener Pfeffer
	frisch geriebene Muskatnuss
½ Bund	Koriandergrün

• Teltower Rübchen schälen, abspülen und würfeln. Das Kürbisfleisch ebenfalls abspülen und würfeln. Birnen abspülen, vierteln, entkernen und in Spalten schneiden. Birnenspalten mit etwas Zitronensaft einreiben und beiseitestellen. Den Ingwer schälen, Knoblauch und Zwiebeln abziehen und alle drei Zutaten in dünne Scheiben schneiden.

• Öl in einem Topf erhitzen. Ingwer, Knoblauch und Zwiebeln darin andünsten. Rübchen- und Kürbiswürfel dazugeben, das Mehl darüberstäuben und kurz mitdünsten. Die Brühe dazugießen und etwa 10 Min. bei mittlerer Hitze kochen lassen. Dann die Birnenspalten, Curry und Chili dazugeben und weitere 5 Min. kochen lassen.

• Eintopf mit Salz, Pfeffer, etwas Zitronensaft und Muskat abschmecken. Den Koriander abspülen, trocken schütteln und die Blättchen abzupfen. Vor dem Servieren über den Eintopf streuen.

Tipp Teltower Rübchen haben nur wenige Wochen Saison. Ersatzweise Kartoffeln oder Möhren für dieses Rezept nehmen.

Wirsingrollen mit Pilzsauce

gut vorzubereiten | für Gäste

4	**Portionen**		
	Zubereitungszeit 1 Std. 15 Min.		
Pro Portion	ca. 510 kcal, E 19 g, F 37 g, KH 14 g		

1	kleiner Wirsing (1 kg)		frisch gemahlener Pfeffer
	Salz		frisch geriebene Muskatnuss
7	Schalotten		Fett für die Form
3	Knoblauchzehen	20 g	getrocknete Morcheln
2 EL	Öl	300 g	gemischte Pilze
300 ml	trockener Weißwein oder		(z. B. Champignons, Herbst-
	Gemüsebrühe		trompeten, Kräuterseitlinge)
200 g	Sahne	20 g	eiskalte Butter
50 g	Pecorino-Käse	1 EL	heller Saucenbinder
50 g	Pinienkerne		

• Wirsing putzen, zwölf große Blätter abtrennen, abspülen, dicke Blattrippen herausschneiden. Restlichen Wirsing vierteln. Strunk entfernen, die Blätter in feine Streifen schneiden. Große Wirsingblätter in Salzwasser etwa 3 Min. kochen, mit einer Schaumkelle herausheben, abtropfen lassen, kalt abspülen.

• Wirsingstreifen im Kochwasser etwa 5 Min. kochen, kalt abspülen, gut ausdrücken. Den Backofen auf 200° (Umluft 180°, Gas Stufe 4) vorheizen. 5 Schalotten und 2 Knoblauchzehen abziehen und in 1 EL Öl in einem Topf anbraten. 150 ml Wein und die Sahne dazugießen, etwa 5 Min. bei mittlerer Hitze leicht einkochen lassen. Pecorino reiben und unterrühren. Pinienkerne in einer Pfanne ohne Fett goldgelb rösten, grob hacken. Wirsingstreifen und Pinienkerne in die Sahnesauce rühren, mit Salz, Pfeffer und Muskat abschmecken. Jedes Wirsingblatt mit etwa 2 EL Rahmwirsing füllen, fest aufrollen. In eine gefettete Auflaufform legen und im Ofen etwa 20 Min. backen.

• Inzwischen für die Pilzsauce die Morcheln in 150 ml Wasser einweichen. Restliche Schalotten und Knoblauch abziehen, in Scheiben schneiden. Frische Pilze putzen, in Scheiben schneiden. Das restliche Öl in einer Pfanne erhitzen. Die Schalotten- und Knoblauchwürfel darin anbraten. Frische Pilze dazugeben und etwa 4 Min. mitbraten. Morcheln in einem feinen Sieb abtropfen lassen und das Einweichwasser auffangen. Die Stielansätze der Morcheln abschneiden. Morcheln zu den Pilzen in die Pfanne geben. Morchelwasser und den restlichen Wein zugießen, aufkochen lassen. Sauce mit eiskalten Butterflöckchen und Saucenbinder binden, salzen und pfeffern.

Wildreis mit Kürbis

einfach | für Gäste

4	**Portionen**
	Zubereitungszeit 1 Std. 25 Min.
Pro Portion	ca. 390 kcal, E 10 g, F 11 g, KH 63 g

250 g	Wildreis
	Salz
20 g	getrocknete Pilze
etwa 500 g	Hokkaido-Kürbis (ergibt etwa 300 g geputztes Kürbisfleisch)
200 g	große Shiitake-Pilze
3	Knoblauchzehen
1	rote Zwiebel
1 EL	Sonnenblumenöl
2–4 EL	dunkle Sojasauce
50 g	Kürbiskerne
2 TL	Kürbiskernöl
1 Bund	Dill

• Reis in einem Sieb abspülen und nach Packungsangabe in Salzwasser in etwa 40 Min. bissfest kochen. In ein Sieb abgießen und abtropfen lassen.

• Getrocknete Pilze in Wasser einweichen und später in Streifen schneiden. Kürbis eventuell schälen, Kerne entfernen und das Kürbisfleisch würfeln. Pilze putzen. Die Stiele herausdrehen und nicht mitverwenden. Die Pilzhüte in dünne Scheiben schneiden.

• Knoblauch und Zwiebel abziehen und fein würfeln. Das Öl in einem Topf erhitzen und Knoblauch- und Zwiebelwürfel darin andünsten. Getrocknete und frische Pilze und Kürbis zu der Zwiebelmischung geben. Alles kräftig anbraten. Die Sojasauce unterrühren.

• Wildreis zugeben und alles noch einmal etwa 3 Min. braten. Kürbiskerne und -öl zugeben und alles mit Salz abschmecken. Dill abspülen, trocken schütteln, die Blättchen abzupfen und fein schneiden. Die Hälfte davon unter die Reismischung rühren. Den Rest darüberstreuen.

Tipps Getrocknete Pilze geben ein kräftiges Aroma. Für dieses Rezept eignen sich Steinpilze oder eine getrocknete Pilzmischung.

Gut dazu schmeckt Crème fraîche mit etwas zerdrücktem Knoblauch verrührt und mit Salz, einer Prise Zucker und etwas Zitronensaft abgeschmeckt.

Seitan-Piccata

einfach | raffiniert

2	Portionen
	Zubereitungszeit 25 Min.
Pro Portion	ca. 395 kcal, E 31 g, F 8 g, KH 48 g

30 g	frischer Ingwer
1	Limette
2 EL	brauner Zucker
2 EL	heller Sirup
50 ml	Sojasauce
200 g	Seitan (s. Tipp)
2	Möhren (150 g)
2	Lauchzwiebeln
50 g	Zuckerschoten
1 EL	Sonnenblumenöl

• Für die Sauce den Ingwer schälen und fein hacken. Die Limette heiß abspülen und trocken tupfen. Die Limettenschale mit einem Sparschäler dünn abschälen. Limettensaft auspressen.

• Den Zucker, den Sirup und 1 EL Wasser aufkochen und goldbraun karamellisieren lassen. Limettensaft und -schale, Ingwer, Sojasauce, 50 ml Wasser und den Karamell verrühren und aufkochen lassen. Limettenschale entfernen, Sauce zugedeckt warm stellen.

• Für die Seitan-Piccata den Seitan trocken tupfen und in etwa 4 mm dicke Scheiben schneiden. Das Gemüse putzen und abspülen, die Möhren schälen. Lauchzwiebeln in dünne Ringe, Möhren in feine Stifte und Zuckerschoten in Streifen schneiden.

• Öl in einer Pfanne erhitzen. Möhren und Zuckerschoten darin etwa 2 Min. anbraten. Gemüse aus der Pfanne nehmen und warm stellen. Seitan-Scheiben in der Pfanne von jeder Seite etwa 1 Min. anbraten. Sauce und Gemüse dazugeben, kurz erwärmen und sofort auf zwei vorgewärmten Tellern anrichten. Mit Lauchzwiebelringen bestreuen.

Dazu Basmatireis

Tipp Seitan ist ein Produkt aus Weizeneiweiß (Gluten) und hat eine fleischähnliche Konsistenz. Es ist sehr eiweißreich (25 g/100 g) und enthält kaum Fett. Es kommt ursprünglich aus der japanischen Küche.

Klassiker

Kartoffelreibekuchen

Kartoffelpuffer, Reiberdatschi, Kartoffelpfannkuchen – das Glück
hat auch hier viele Namen!

24	**Stück**
	Zubereitungszeit 1 Std. 15 Min.
Pro Stück	**ca. 75 kcal, E 2 g, F 5 g, KH 7 g**

1 kg	Kartoffeln
1	Zwiebel
2	Eier
2–3 EL	Mehl
	Salz, evtl. frisch gemahlener Pfeffer
etwa 100 g	Butterschmalz zum Braten

• Kartoffeln schälen, abspülen und fein reiben (eventuell in der Küchenma-
schine). Zwiebel abziehen und fein hacken. Kartoffeln, Zwiebel, Eier und Mehl
verrühren und den Kartoffelteig mit wenig Salz und Pfeffer würzen.

• Reichlich Butterschmalz in einer großen Pfanne stark erhitzen. Etwas Kartoffelteig hineingeben und mit einem Löffel zu einem etwa handtellergroßen Fladen
verstreichen (Step 1). Achtung: Nur so viele Reibekuchen in die Pfanne geben,
dass sie sich nicht berühren.

• Reibekuchen von jeder Seite etwa 2–3 Min. goldbraun braten und vorsichtig
wenden. Fertige Reibekuchen auf Küchenkrepp abtropfen lassen (Step 2) und
warm stellen. Restlichen Teig wie beschrieben in Portionen braten.

Tipps

Reibekuchen mit Puderzucker bestreuen und als süße Variante mit Apfelmus servieren.

Oder als herzhafte Variante mit Kräuterquark oder Frankfurter Grüne Sauce (S. 37) anrichten.

Country-Kartoffeln mit Dip

schnell | schmeckt Kindern

3	**Portionen**
	Zubereitungszeit 50 Min.
Pro Portion	**ca. 325 kcal, E 7 g, F 17 g, KH 35 g**

750 g	vorwiegend festkochende Kartoffeln
3 EL	Sonnenblumenöl
1 EL	BBQ-Pulver (scharfe Grill-Würzmischung)
1 EL	Semmelbrösel
	Salz, frisch gemahlener Pfeffer
150 g	süßsauer eingelegter Kürbis (abgetropft; aus dem Glas)
5 EL	Mayonnaise
2 EL	Dijon-Senf
1 Bund	glatte Petersilie

• Für die Country-Kartoffeln die Kartoffeln mit Schale gründlich unter fließendem Wasser abbürsten und in Spalten schneiden.

• Öl in einer Pfanne erhitzen. Kartoffelspalten mit Küchenkrepp gut trocken tupfen und im heißen Öl bei starker Hitze etwa 15 Min. rundherum braun braten. Zum Schluss BBQ-Pulver, Semmelbrösel, Salz und eventuell Pfeffer dazugeben und kurz mitbraten.

• Für den Senf-Kürbis-Dip das Kürbisfleisch würfeln und zusammen mit der Mayonnaise und dem Senf verrühren. Mit Salz und Pfeffer würzen. Petersilie abspülen, trocken schütteln, die Blättchen fein hacken und unterrühren. Dip und Kartoffeln zusammen servieren.

Tipps Wenn die Kartoffeln schon eine schrumpelige Haut haben, lieber vor dem Braten schälen und wie im Rezept angegeben zubereiten.

Größere Mengen am besten im Backofen bei 200° (Umluft 180°, Gas Stufe 4) zubereiten. Die Kartoffeln brauchen dann etwa 40 Min., bis sie gar und schön braun sind.

Statt BBQ-Pulver eine Mischung aus edelsüßem Paprika- und Currypulver nehmen.

Pommes mit drei Saucen

schmeckt Kindern | gut vorzubereiten

4	**Portionen**
	Zubereitungszeit 1 Std. 20 Min.
Pro Portion	ca. 510 kcal, E 10 g, F 30 g, KH 49 g

200 g	Mayonnaise	50 g	Gewürzgurke
100 g	Mango-Chutney	2 Stängel	Petersilie
1	Tomate	¼ Bund	Schnittlauch
1 Stange	Staudensellerie	100 g	Joghurt
150 g	Ajvar (würzige Paprikapaste)	1 kg	Kartoffeln
	Salz, frisch gemahlener Pfeffer	etwa 1 l	Öl oder 1 kg Frittierfett

• Für den Mango-Dip 100 g Mayonnaise und das Mango-Chutney verrühren.

• Für den Gemüse-Dip Tomate und Sellerie abspülen. Tomate vierteln, entkernen und in kleine Würfel schneiden. Sellerie entfädeln und fein würfeln. Tomate und Sellerie mit dem Ajvar verrühren. Mit Salz und Pfeffer würzen.

• Für die Remoulade die Gewürzgurke fein würfeln. Petersilie und Schnittlauch abspülen und trocken schütteln. Petersilienblättchen fein hacken. Schnittlauch in feine Röllchen schneiden. Restliche Mayonnaise und Joghurt mit Kräutern und Gewürzgurke verrühren. Mit Salz und Pfeffer würzen. Alle drei Saucen zugedeckt in den Kühlschrank stellen.

• Die Kartoffeln schälen und in Stifte schneiden. Stifte in kaltes Wasser geben. Fett erhitzen. Einen Holzlöffelstiel in das Fett tauchen. Die Temperatur ist richtig, wenn Bläschen am Stiel aufsteigen. Die Kartoffeln abgießen und gründlich trocken tupfen. Portionsweise im heißen Fett goldbraun backen. Herausnehmen und auf Küchenkrepp abtropfen lassen. Die Pommes frites salzen und mit den Saucen servieren.

Tipps Die Kartoffeln erst halb garen und auf einem Backblech zwischenlagern. Kurz vor dem Servieren die Pommes frites noch mal knusprig backen.

Wer es schärfer mag, kann noch einige Spitzer Tabasco in die Mango-Mayonnaise geben.

Die Dips eignen sich auch toll zum Dippen für mexikanische Nachos oder Cracker oder als Saucen zum Fondue.

Pikanter Kaiserschmarrn

schmeckt Kindern | einfach

2	**Portionen**
	Zubereitungszeit 25 Min.
Pro Portion	**ca. 475 kcal, E 23 g, F 19 g, KH 52 g**

2	Lauchzwiebeln
60 g	Mais (aus der Dose)
1	große Möhre
2	Eier
150 ml	Milch
100 g	Mehl
	Salz, frisch gemahlener Pfeffer
2–3 EL	frisch geriebener Gouda-Käse
1–2 TL	Butter oder Butterschmalz
150 g	Joghurt
1 Bund	Schnittlauch

• Die Lauchzwiebeln putzen, abspülen und in feine Ringe schneiden. Den Mais abtropfen lassen. Die Möhre putzen, schälen und fein raspeln.

• Die Eier trennen. Eigelbe mit der Milch gut verquirlen. Das Mehl unterrühren, alles mit Salz und Pfeffer würzen.

• Eiweiße steif schlagen und zusammen mit dem Gemüse und dem Käse vorsichtig unter den Teig heben. Die Butter in einer großen Pfanne erhitzen und den Teig hineingeben, bei mittlerer Hitze stocken lassen. Nach etwa 3–4 Min. umdrehen und weitere 3 Min. braten.

• Inzwischen den Joghurt glatt rühren und mit Salz und Pfeffer würzen. Den Schnittlauch abspülen, trocken schütteln, in Röllchen schneiden und unterrühren. Den fertigen Schmarrn mit zwei Gabeln zerzupfen und mit der Joghurtsauce servieren.

Tipps Nicht mehr als die angegebene Portion in der Pfanne braten. Für mehr Portionen Schmarrn nacheinander braten und im Backofen bei 100° (Umluft 80°, Gas Stufe 1) warm halten.

Kinder lieben auch Ketchup dazu!

Dreierlei Kartoffelpüree

einfach | preiswert | schmeckt Kindern

3	**Portionen**	
	Zubereitungszeit 50 Min.	
Pro Portion	**ca. 485 kcal, E 13 g, F 24 g, KH 52 g**	

1 kg	mehligkochende Kartoffeln		**Variante 2:**
	Salz	1	Knoblauchzehe
180 ml	Milch	30 g	gehackte Haselnüsse
	frisch gemahlener Pfeffer		
50 g	Butter		**Variante 3:**
		4 Stängel	Basilikum
	Variante 1:	1 TL	fertige Trüffelbutter
50 g	rote Linsen		(aus dem Glas)
	Salz		
½ TL	Garam masala (indische Currymischung)		
½ TL	gemahlene Kurkuma		

● Kartoffeln schälen, abspülen, in Stücke schneiden und in Salzwasser etwa 20 Min. zugedeckt kochen. Die Milch erhitzen, etwas Salz und Pfeffer und die Butter dazugeben. Kartoffeln abgießen, durch eine Kartoffelpresse in die heiße Milch drücken und gut verrühren. Kartoffelpüree in drei Portionen teilen.

● Für Variante 1 die roten Linsen in einem Sieb abspülen und in wenig Salzwasser etwa 10 Min. gar kochen. Linsen abgießen und zusammen mit Garam masala und Kurkuma unter eine Kartoffelpüreeportion rühren.

● Für Variante 2 den Knoblauch abziehen und durch eine Knoblauchpresse in die zweite Kartoffelpüreeportion drücken. Nüsse in einer Pfanne ohne Fett leicht rösten und ebenfalls unterrühren.

● Für Variante 3 das Basilikum abspülen, trocken schütteln, die Blättchen in feine Streifen schneiden und zusammen mit der Trüffelbutter unter die dritte Kartoffelpüreeportion rühren.

Dazu frisch gebratene Spiegeleier direkt aus der Pfanne

Überbackener Spinat

schnell | einfach

2	Portionen
	Zubereitungszeit 20 Min.
	Backzeit 10 Min.
Pro Portion	ca. 465 kcal, E 24 g, F 39 g, KH 5 g

500 g	Blattspinat
1	rote Zwiebel
1	Knoblauchzehe
2 EL	Olivenöl
	Meersalz, frisch gemahlener Pfeffer
200 g	Mozzarella-Käse
	Olivenöl für die Form und zum Beträufeln
1 EL	Pinienkerne

• Blattspinat gründlich abspülen und die langen Stiele abschneiden. Zwiebel und Knoblauch abziehen. Zwiebel in Spalten schneiden, Knoblauch würfeln.

• Öl in einem Topf erhitzen und Zwiebel und Knoblauch darin glasig dünsten. Spinat tropfnass zugeben und zusammenfallen lassen. Salzen und pfeffern.

• Backofen auf 200° (Umluft 180°, Gas Stufe 4) vorheizen. Mozzarella abtropfen lassen und in Scheiben schneiden. Abgetropften Spinat in eine gefettete ofenfeste Form geben. Mozzarella darauflegen. Auflauf mit Pinienkernen bestreuen und mit Öl beträufeln. Im Ofen etwa 10 Min. überbacken.

Dazu Ciabatta

Tipps Noch schneller geht das Rezept mit tiefgekühltem Blattspinat.

Ein bisschen gehaltvoller wird das Essen, wenn unter den Spinat noch eine Scheibe Vollkorntoast, am besten geröstet, kommt.

Schwarzwurzelstrudel

raffiniert | gut vorzubereiten

6	**Portionen**
	Zubereitungszeit 45 Min.
	Backzeit 35 Min.
Pro Portion	ca. 470 kcal, E 11 g, F 35 g, KH 28 g

450 g	TK-Blätterteig	80 g	Parmesan-Käse
¼ l	Milch	1	Ei
	Salz	1 Bund	Schnittlauch
500 g	Schwarzwurzeln	6	Pimentkörner
20 g	Butter		frisch geriebene Muskatnuss
2 EL	Mehl	2 EL	Sahne

• Blätterteig auftauen lassen. Milch, ¼ l Wasser und Salz aufkochen. Schwarzwurzeln abspülen, schälen, in Scheiben schneiden (dabei Küchenhandschuhe anziehen, weil die Schwarzwurzeln färben) und sofort in der Wasser-Milch-Mischung 10 Min. kochen. Schwarzwurzeln in einem Sieb abtropfen lassen und den Kochfond aufheben.

• Die Butter in einem Topf erhitzen und das Mehl darin andünsten. Etwa ¼ l Kochfond zugießen. Sauce unter Rühren aufkochen. Den Parmesan reiben und zusammen mit dem Ei unterrühren. Den Schnittlauch abspülen, trocken schütteln und in dünne Röllchen schneiden. Sauce mit zerstoßenem Piment, Salz, Muskat und Schnittlauch würzen. Die Schwarzwurzeln unterrühren und die Füllung etwas abkühlen lassen.

• Den Backofen auf 200° (Umluft 180°, Gas Stufe 4) vorheizen. Blätterteig aufeinanderlegen und zu einem etwa 25 × 40 cm großen Rechteck ausrollen. Füllung auf dem unteren Drittel der langen Seite verteilen. Dabei die Ränder frei lassen. Erst die schmalen Teigseiten, dann das lange Teigende über die Füllung schlagen und zusammendrücken. Enden mit einer Gabel fest zusammendrücken.

• Strudel mit einer Gabel mehrmals einstechen und mit Sahne bestreichen. Den Strudel im vorgeheizten Backofen 25 Min. backen. Den Backofen auf Unterhitze schalten und weitere 10 Min. backen.

Dazu Tomatensauce, dafür passierte Tomaten (Tetra-Pak) mit etwas Sahne aufkochen und mit Salz, frisch gemahlenem Pfeffer und körniger Gemüsebrühe pikant abschmecken.

Das große Plus: *Vegetarisch*

Gesund essen ohne Fleisch

Immer mehr Menschen verzichten auf Fleisch, Fisch und tierische Produkte – manchmal nur für eine kurze (Fasten-)Zeit, andere ein Leben lang. Doch ist das wirklich gesund? Und was sind Pudding-Vegetarier, Veganer oder Ovo-Lakto-Vegetarier?

Relativ unproblematisch ist ein Leben als **Ovo-Lakto-Vegetarier**: Eier (Ovo), Milch (Lakto) und alle pflanzlichen Produkte decken den gesamten Nährstoffbedarf ab – wenn sie gut kombiniert werden! Eher zu wenig im Nahrungsangebot enthalten, sind meist die Vitamine B_{12} und D, die Mineralstoffe Eisen und Kalzium sowie die Spurenelemente Zink, Jod und Selen.

Schwieriger ist es bei »**Pudding-Vegetariern**«: Wer das Stück Fleisch bei einem Essen nur durch eine Extraportion Pudding ersetzt, kann auf lange Sicht Probleme mit einer ausgewogenen Nährstoffzufuhr bekommen – ebenso wie alle anderen, die sich nur von Süßigkeiten und Fastfood ernähren.

Ganz schwierig wird es bei **Veganern**: Sie lehnen alle tierischen Produkte ab und verzichten damit auf Fleisch, Fisch, Eier, Milch und Milchprodukte, wie z. B. Käse, Butter und Joghurt. Übrig bleiben damit nur Getreide, Hülsenfrüchte, Öl, Obst und Gemüse. Wer vegan leben möchte, sollte sich daher unbedingt sehr intensiv mit dem Thema beschäftigen, um durch eine ausgewogene Ernährung Mangelerscheinungen vorzubeugen. Nicht geeignet ist eine vegane Ernährung für Kinder, da sie im Wachstum noch mehr Nährstoffe brauchen als ein Erwachsener und diese über eine vegane Ernährung nicht bekommen können.

Tipps für eine gesunde Ernährung als Ovo-Lakto-Vegetarier:

● Möglichst abwechslungsreich essen, denn die Nährstoffzusammensetzung ist in jedem Lebensmittel anders – ein großer Mix schafft also auch ohne große Planung ein großes Angebot an Nährstoffen. Besonders gut: **Nüsse**, **Saaten** und **Samen**, wie z. B. Sesam. Sie können einfach über Suppe, Salat oder sogar die Nudelsauce gestreut werden.

• Statt Fleisch liefern **Hülsenfrüchte**, wie Erbsen, Bohnen und Linsen, die Nährstoffe Eisen, Folsäure, Kalzium, Magnesium, Vitamin B_1 und B_{12}. Als Brotaufstrich, Linsensuppe, Kichererbsensalat oder Bratling sind Hülsenfrüchte kleine Allround-Talente, die in allen Küchen der Welt vorkommen.

• Die besten Jodquellen kommen aus dem Meer. Wer auf Fisch verzichtet und nicht regelmäßig Algen isst, sollte **Jodsalz** und daraus hergestellte Produkte verwenden. Auch in der Milch steckt etwas Jod und damit auch in Käse, das reicht aber alleine nicht aus.

• Wer auch auf Milch und Milchprodukte verzichtet, bekommt langfristig Probleme mit der **Kalziumversorgung**. Helfen können hier kalziumreiche Mineralwässer und Fruchtsäfte oder der Griff zum Studentenfutter: Trockenfrüchte, vor allem Feigen, Mandeln und Haselnüsse, enthalten recht viel Kalzium.

• Der Mix macht's. Pflanzliches Eiweiß wird durch die Kombination mit Getreide, Milch oder Eiern besser vom Körper verwertet, das Stichwort heißt **»Biologische Wertigkeit«**. Wer also Hülsenfrüchte mit Getreide (Linsensuppe mit Brot), Getreide mit Nüssen (Nussbrot), Getreide mit Milch (Pfannkuchen, Müsli), Kartoffeln mit Milch (Pellkartoffeln mit Quark) und Kartoffeln mit Ei (Bauernfrühstück) kombiniert, bekommt den Extrabonus für eine super Proteinqualität.

• **Eisen** steckt zwar hauptsächlich in Fleisch, aber auch in pflanzlichen Produkten. Dieses Eisen kann vom Körper nur zusammen mit Vitamin C aufgenommen werden. Die Lösung ist einfach: Das Vitamin kommt aus Fruchtsäften und frischem Obst oder Gemüse. Eisenreich sind Vollkornbrote, Linsen, Mungobohnen, Soja, Grünkern, Haferflocken, Hirse, Sesam, Kürbiskerne, Aprikosen und grüne Gemüsesorten, wie Spinat, Fenchel, Mangold, Löwenzahn und Grünkohl.

• **Vitamin D** kommt aus Pilzen, wie Steinpilzen, Champignons oder Pfifferlingen – und aus der Sonne! Durch Sonnenlicht wird die Produktion von Vitamin D in der Haut angeregt – vorausgesetzt, diese bekommt auch ein paar Sonnenstrahlen ab.

• **Zink** und **Selen** sind gut für die Abwehr – und außer in Fisch und Fleisch stecken sie in Nüssen, wie Pekan und Pistazien, in Pinienkernen, Linsen und Hafer, Sojabohnen und Weizenkeimen.

• Nicht jedermanns Geschmack sind die alternativen **Vitamin B_{12}-Quellen**: Unpasteurisiertes Sauerkraut, milchsauer vergorene Säfte oder Hefeflocken sind jedoch die einzigen Produkte außer Fleisch, in denen B_{12} in nennenswerten Mengen enthalten ist. In Magerquark, Milch und Käse steckt es nur in Spuren. Relativ neu sind mit Vitamin B_{12} angereicherte Produkte, wie z. B. Sojadrink.

Soja – das Allround-Talent

Eine der besten Alternativen zum Fleisch ist die Soja-bohne. Sie ist supervielseitig verwendbar, z. B. gepresst als Sojadrink oder Sojaöl, gekeimt als Sojasprosse, ein-geweicht und gekocht als Tofu und Tempeh, vergoren als Sojasauce und tiefgekühlt als gesunde Beilage.

Die Sojabohne gehört zu den Hülsenfrüchten und ist daher recht eiweißhaltig (ca. 40 %), sie liefert aber auch eine gute Portion Fett (17 %), vor allem Linol- und Alpha-Linolensäure. An Nährstoffen enthält die Bohne Kalium, Magnesium, Eisen und Zink sowie viele B-Vitamine und Vitamin E. Außerdem stecken in ihr viele Phytoöstrogene, wie z. B. die Isoflavone. Diese sollen Herz-Kreislauf-Erkrankungen verhindern, vor Brustkrebs schützen können und außerdem Beschwer-den durch Hormone, wie in den Wechseljahren oder beim PMS (Prämenstruelles Syndrom), lindern.
Soja ist glutenfrei, lactosefrei und cholesterinfrei. Durch den starken Einsatz von gentechnisch verän-derten Sojabohnen ist sie leider etwas in Verruf geraten. Sicher gentechnikfrei sind jedoch alle biologisch er-zeugten Sojaprodukte.

Sojasaucen

Hell, dunkel, chinesisch, japanisch oder auch indone-sisch – Sojasauce gibt es in vielen Varianten. **Chine-sische Sojasauce**, auch »Tamari« genannt, wird aus-schließlich aus Sojabohnen hergestellt. Die Bohnen werden mit Wasser und einem Starterferment (»Koji«) vermischt und reifen dann wie Wein monatelang in Fässern, bevor die Sauce abgepresst wird. Die chinesi-sche Sojasauce gibt es in hell und dunkel. Die dunkle ist dickflüssiger und hat einen typischen Eigenge-schmack, die helle ist milder, aber salzig. Die **japani-sche Sojasauce**, »Shoyu«, bei deren Herstellung auch Weizen mit vergoren wird, ist flüssiger, heller und we-niger salzig als »Tamari«. Sie wird gerne als Sauce zum Dippen, z. B. für Sushi, verwendet. **Indonesische Soja-saucen** sind »Ketjap manis« und »Ketjap asin«, sie enthalten viel Zucker und sind mit Sternanis und Knoblauch gewürzt. »Ketjap manis« ist noch süßer als »Ketjap asin«.
Traditionell gebraute Sojasaucen enthalten keine Zusätze, wie Geschmacksverstärker oder Konservie-rungsstoffe, diese werden nur in industriell hergestell-ten Saucen, wie »Koikuchi« oder »Usukuchi« benötigt. Wer gerne asiatisch kocht, hat am besten verschie-dene Sojasaucen für die speziellen Länderküchen im Vorrat, als Universalsauce eignet sich die japanische Sojasauce. Übrigens: Wenige Tropfen Sojasauce unter-stützen den Eigengeschmack jedes Essens.

Tofu, Seitan, Tempeh

Keine Lust auf Fleisch? Dann sind Tofu, Seitan und Tempeh gute Alternativen, denn sie enthalten viel Ei-weiß, wenig Fett und kein Cholesterin. In Asien werden diese Produkte seit vielen hundert Jahren gegessen, und auch hier sind sie vor allem im Naturkosthandel in guter Qualität und großer Auswahl zu bekommen. Aber auch im gut sortierten Supermarkt findet man inzwischen Fleischersatz aus Soja und Weizen.

Tofu besteht aus Sojabohnen, die durch Einweichen, Mahlen und Aufkochen zu Sojamilch verarbeitet wer-den. Die Sojamilch wird dann durch ein natürlich ge-wonnenes Gerinnungsmittel dickgelegt, und wie bei der Käseherstellung trennen sich flüssige Molke und fester Bruch. Der Bruch wird in Formen gepresst und gewaschen. Der fertige Tofu wird dann vakuumver-packt oder in Gläsern angeboten. Eine Spezialität ist der **Seidentofu**, für dessen Herstellung die Sojamilch mit dem Gerinnungsmittel zusammen in kleinen For-men erhitzt wird. Die Molke wird dabei nicht abge-presst, sodass dieser Tofu in der Konsistenz weicher bleibt, etwa wie stichfester Joghurt. Da Tofu recht ge-schmacksneutral ist, lässt er sich gut würzen, marinie-ren oder räuchern. 100 g Tofu enthalten 10–15 g Ei-weiß, 5–8 g Fett und etwa 130 kcal.

Tempeh ist eine indonesische Spezialität und erinnert an einen Schimmelkäse wie Camembert. Für die Herstellung werden gekochte und geschälte Sojabohnen mit einem Schimmelpilz vermischt, sodass die Sojamasse durch den wachsenden Pilz zu einem zusammenhängenden Stück verbunden wird. Tempeh schmeckt mildnussig und leicht nach Champignons. Es enthält kein Salz und wird in Scheiben geschnitten und gebraten, frittiert und meist mit Sojasauce kombiniert gegessen.

Seitan wird nicht aus Sojabohnen, sondern aus Weizen hergestellt. Nach alter Tradition wird Weizenvollkornmehl mit Wasser zu einem Teig verknetet und mehrmals gewaschen, sodass nur das Weizeneiweiß, das Gluten, übrig bleibt. Die Masse wird dann in einem Sud aus Algen, Sojasauce und Gewürzen gekocht, wobei der Seitan aufquillt und den Geschmack des Kochsuds annimmt. Trotzdem sollte auch Seitan vor dem Verwenden noch mariniert oder gewürzt werden. Eine Alternative zur traditionellen Seitanherstellung ist die Verwendung von pulverisiertem Weizeneiweiß. Hier wird der Rohstoff mit verschiedenen Gewürzen vermischt und dann in Form gespritzt, z.B. zu Aufschnitt, Würstchen oder Nudelfüllung. Seitan enthält pro 100 g etwa 25 g Eiweiß, 1,2 g Fett und etwa 130 kcal.

Keine Milch – was dann?

Der Soja-Latte-macchiato oder ein Kakao auf Haferbasis ersetzen immer öfter die normale Kuhmilch. Sind die Drinks aus Soja, Reis oder Getreide aber wirklich eine gute Alternative?
Es kommt auf den Blickwinkel an. Sie sind super für viele Allergiker, da sie kein tierisches Eiweiß und keinen Milchzucker (Laktose) enthalten, Reis- und Sojadrinks sind außerdem glutenfrei. Da die Drinks ohne tierische Produkte hergestellt werden, enthalten sie weder Rückstände, wie Hormone oder Antibiotika, noch Cholesterin.

Ein großer Nachteil im Vergleich zur Kuhmilch: Die Drinks enthalten fast kein Kalzium bzw. das enthaltene Kalzium ist für den Körper nur schwer verwertbar. Daher sind sie nicht als Milchersatznahrung für Säuglinge und Kleinkinder geeignet. Viele Anbieter setzen daher Kalzium und Vitamin B_{12} zu, manchmal sind auch noch Zucker, Kakao oder Vanille- und Fruchtaromen dabei.

Die Herstellung ist bei allen Soja-, Reis- oder Getreide-Drinks gleich. Die Rohstoffe werden gemahlen, eingeweicht, aufgekocht und filtriert, dann zur Haltbarma-

Tofu

Seitan

chung pasteurisiert. Da Reis und Getreide einen recht niedrigen Fettgehalt haben, wird noch Öl hinzugefügt, damit die Drinks etwas fetthaltiger werden und sich emulgieren lassen, denn nur so entsteht die weiße Farbe. »Milch« dürfen sie sich alle nicht nennen, das bleibt der Milch von Kühen, Ziegen, Schafen und Stuten vorbehalten.

Sojadrink schmeckt je nach Hersteller mehr oder weniger stark nach Sojabohne, also leicht bitter und würzig-pflanzlich. Der Proteingehalt von rund 3,5 % ist mit dem der Kuhmilch vergleichbar, das Eiweiß ist auch ähnlich gut verwertbar. Der Fettgehalt liegt bei rund 2 % und 100 ml enthalten etwa 35 kcal. Soja enthält außerdem viele Isoflavone, sekundäre Pflanzenwirkstoffe, denen positive Einflüsse auf die Gesundheit zugeschrieben werden. So soll Soja unter anderem bei Hormonproblemen helfen und den Cholesterinspiegel positiv beeinflussen. Bei Kindern ist diese Wirkung jedoch noch nicht unbedingt erwünscht. Wer in puncto Gentechnik sicher sein möchte, kauft Bioqualität.

Haferdrink schmeckt leicht süß, mild und dezent nach Hafer. Bei der Herstellung verkleistert die Stärke aus dem Hafer, daher schmeckt der Drink schön rund und vollmundig, enthält aber auch Gluten. Durch den Ab-bau von komplexen Kohlenhydraten während der Herstellung entstehen Zucker, die für den süßlichen Geschmack verantwortlich sind. Hafer liefert viel Eisen, Vitamin E und Folsäure. Haferdrink enthält nur 0,6 g Eiweiß und etwa 1,5 % Fett nach dem Zusatz von Pflanzenöl bei der Herstellung, 100 ml haben etwa 50 kcal. Positiv ist der Anteil an Ballaststoffen aus dem Haferkorn, außerdem ist die Fettsäurezusammensetzung günstig.

Reisdrink schmeckt sehr mild und leicht nach Reis. Die Zusammensetzung ist vergleichbar mit der des Haferdrinks, lediglich der Eiweißanteil ist mit 0,1 % noch etwas geringer. Der Fettgehalt liegt nach Zugabe von Öl während der Herstellung bei etwa 1,5 % und 100 ml Reisdrink liefern rund 50 kcal. In Abhängigkeit von Anbieter, verwendeter Reissorte und deren Stärkeanteil sind die Drinks eher wässrig oder leicht schleimig.

Für große Fans der Ersatzmilch gibt es kleine elektrische Küchengeräte, die aus Körnern und Bohnen in weniger als 30 Minuten Soja- oder Getreidedrinks machen. Die Anschaffung hat sich bald rentiert, da die Produkte im Geschäft mit ca. 1,50–2,50 Euro pro Liter recht teuer sind. Adressen für Anbieter findet man im Internet.

Zum Gebrauch

Damit Sie Rezepte mit bestimmten Zutaten noch schneller finden können, stehen in diesem Register zusätzlich auch beliebte Zutaten wie **Kohlrabi** oder **Möhren** – ebenfalls alphabetisch geordnet und **hervorgehoben** – über den entsprechenden Rezepten.

Die BRIGITTE-Kochbuch-Edition

ISBN 978-3-8338-1505-8

ISBN 978-3-8338-1506-5

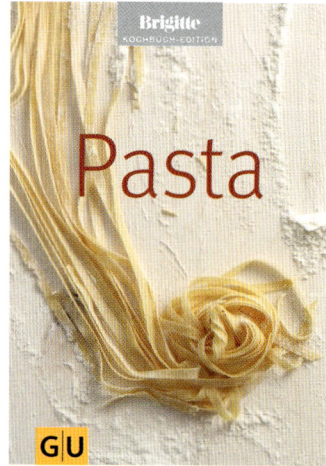

ISBN 978-3-8338-1507-2

ISBN 978-3-8338-1511-9

ISBN 978-3-8338-1512-6

ISBN 978-3-8338-1513-3

NIE WIEDER ZETTELWIRTSCHAFT! Die beliebtesten Rezepte aus der BRIGITTE werden hier vom Kochbuch-Spezialisten GU endlich in einer Edition präsentiert. Rezepte für jeden Anlass, für jede Saison – natürlich mit allen Klassikern und mit vielen Neuheiten. Freuen Sie sich darauf und sammeln Sie mit!

IMPRESSUM

© 2008
GRÄFE UND UNZER VERLAG GmbH, München
Gruner + Jahr AG & Co KG, Hamburg

Liebe Leserin, lieber Leser,

wir freuen uns, dass Sie sich für ein Buch der Brigitte-Kochbuch-Edition entschieden haben. Mit Ihrem Kauf setzen Sie auf Qualität und Kompetenz zweier starker Marken: Brigitte und GU. Dafür bedanken wir uns bei Ihnen.

Um in Zukunft noch besser auf Ihre Wünsche eingehen zu können, ist uns Ihre Meinung wichtig. Bitte senden Sie uns Ihre Anregungen, Ihre Kritik, Ihr Lob und auch Ihre Fragen zu unseren Büchern. Wir freuen uns auf Ihre Nachricht!

GRÄFE UND UNZER VERLAG

Leserservice
Postfach 86 03 13
81630 München

Montag – Donnerstag: 8.00 – 18.00 Uhr
Freitag: 8.00 – 16.00 Uhr
Tel: 0180-5 00 50 54*
Fax: 0180-5 01 20 54*
E-Mail: leserservice@graefe-und-unzer.de

*(0,14 €/Min. aus dem dt. Festnetz/
Mobilfunkpreise können abweichen.)

BRIGITTE

Leserservice
Tel: 040-370 30
Fax: 040-37 03 56 34
E-mail: infoline@brigitte.de

Chefredakteur BRIGITTE Andreas Lebert
Programmleitung GU Doris Birk
Projektleitung und Rezeptauswahl Burgunde Uhlig (BRIGITTE), Birgit Rademacker (GU)
Texte Katja Jührend (BRIGITTE)
Rezeptbearbeitung Frauke Prien (BRIGITTE)
Lektorat Cora Wetzstein
Korrektorat Mischa Gallé
Layout, Typografie und Umschlaggestaltung independent Medien-Design, München
Satz Uhl + Massopust, Aalen
Herstellung Petra Roth
Reproduktion Longo AG, Bozen
Druck und Bindung Mohn media, Gütersloh

ISBN 978-3-8338-1511-9

1. Auflage 2008

Rezepte, Produktion und Foodstyling
BRIGITTE-KOCHRESSORT

Bildnachweis
Fotografie Thomas Neckermann
Seite 50 Carsten Eichner
Seite 16, 52, 60, 62, 96, 112 Ulrike Holsten
Seite 10 Michael Holz
Seite 74 Maike Jessen
Seite 22 Wolfgang Krüger
Seite 134, 135 Studio L'EVEQUE
Seite 104 Götz Wrage

Titel
Foto Ulrike Holsten
Assistenz Verena Kallweit
Styling Dietlind Wolf
Foodstyling Nicole Müller-Reymann

Ein Unternehmen der
GANSKE VERLAGSGRUPPE

Mehr Kochen war noch nie

ISBN 978-3-8338-1508-9

ISBN 978-3-8338-1510-2

ISBN 978-3-8338-1509-6

ISBN 978-3-8338-1514-0

ISBN 978-3-8338-1515-7

ISBN 978-3-8338-1516-4

KOMPETENT: zwei starke Marken – BRIGITTE und GU – garantieren höchste Qualität und Gelingsicherheit. **WERTVOLL:** schöne Ausstattung mit Lesebändchen. **UNVERWECHSELBAR:** herausragende Gestaltung, auffällig schöne Fotografie. **EMOTIONAL:** das Gute-Laune-Gefühl der BRIGITTE in Buchform.